VALORES
DO ESPÍRITO

ADENÁUER NOVAES

Dados Internacionais de Catalogação na Publicação (CIP)
(Câmara Brasileira do Livro, SP, Brasil)

Novaes, Adenáuer
  Valores do espírito / Adenáuer Novaes. --
1. ed. -- Catanduva, SP : Boa Nova Editora, 2014.

ISBN 978-85-8353-010-7

1. Autoconhecimento 2. Espiritismo
3. Espiritismo - Aspectos psicológicos
4. Espiritismo - Psicologia I. Título.

14-12516   CDD-133.9019

Índices para catálogo sistemático:

1. Espiritismo e psicologia : Doutrina espírita
   133.9019

VALORES
DO ESPÍRITO

ADENÁUER NOVAES

Instituto Beneficente Boa Nova
Entidade coligada à Sociedade Espírita Boa Nova
Av. Porto Ferreira, 1.031
Catanduva/SP | CEP 15809-020
www.boanova.net | boanova@boanova.net
Fone: (17) 3531-4444

2ª edição
3.000 exemplares
Do 3º ao 6º milheiro
Outubro/2015
© 2014-2015 by Boa Nova Editora.

Capa e projeto gráfico
Juliana Mollinari

Diagramação
Juliana Mollinari

Revisão
Maria Carolina Rocha
Paula Lopes

Coordenação Editorial
Ronaldo A. Sperdutti

Todos os direitos estão reservados. Nenhuma parte desta obra pode ser reproduzida ou transmitida por qualquer forma e/ou quaisquer meios (eletrônico ou mecânico, incluindo fotocópia e gravação) ou arquivada em qualquer sistema ou banco de dados sem permissão escrita da Editora.
O produto da venda desta obra é destinado à manutenção das atividades assistenciais da Sociedade Espírita Boa Nova, de Catanduva, SP.

1ª edição: Dezembro de 2014 – 3.000 exemplares

"O reino dos céus é semelhante a um tesouro oculto no campo, o qual certo homem, tendo-o achado, escondeu. E, transbordante de alegria, vai, vende tudo o que tem, e compra aquele campo". (Mateus 13:44).

Cultivai os valores do Espírito. O mais virá por acréscimo.

Na simplicidade da Vida consigo ver-me e, ao mesmo tempo, encontrar Deus.

Aos colaboradores da **Fundação Lar Harmonia**, minha eterna gratidão.

ÍNDICE

Valores do Espírito 11

Alegria 13
Alteridade 17
Amorosidade 21
Assertividade 25
Autodeterminação 29
Bondade 33
Calma 37
Compaixão 41
Conectividade 45
Confiança 49
Criatividade 53
Cumplicidade 57
Determinação 61
Docilidade 65
Empatia 69
Equilíbrio 73
Felicidade 77
Força 81
Franqueza 85
Fraternidade 89

Gratidão	93
Harmonia	97
Humildade	101
Imparcialidade	105
Impulso	109
Inteligência	113
Justiça	117
Leveza	121
Liberdade	125
Luminosidade	129
Maternidade	133
Maturidade	137
Numinosidade	141
Organização	145
Paciência	149
Pacificação	153
Paternidade	157
Perspicácia	161
Quietude	165
Receptividade	169
Resiliência	173
Responsabilidade	177
Sabedoria	181
Segurança	185
Sentimento	189
Serenidade	193
Suavidade	197
Ternura	201

Tranquilidade 205
Transparência 209
Utilidade 213
Vitalidade... 217

VALORES DO ESPÍRITO

O ser no mundo tenciona adquirir valores a fim de integrá-los ao próprio Espírito que é. Ninguém está sem condições de fazê-lo. É prerrogativa evolutiva a integração de valores ao ser em ascensão, ao encontro de sua Matriz Primeira.

Na Terra, assim como em todo o Universo, a aquisição de valores que constituam a individualidade superior, dá-se pelo contato com o externo e com o semelhante, a fim de que se percebam as diferenças e se busquem as afinidades.

Os valores do Espírito estão representados pelo sentimento do amor. Todos eles, no seu conjunto, são manifestações do amor, que necessita ser internalizado e expressado simultaneamente pelo indivíduo que o busca.

O Espírito é em si uma manifestação de Deus, portanto, possui atributos mínimos que necessitam de desenvolvimento adequado ao longo de sua evolução. Quando mais perseguirmos a aquisição de valores que contribuem para o encontro com Deus, mais felizes seremos em nossa caminhada.

VALORES DO ESPÍRITO

Nada poderá impedir a evolução do Espírito. Em seu processo ascensional adquire valores que se integram ao seu ser, fazendo parte constituinte de sua individualidade, iniciada como um ser simples e ignorante, mas como poderosa Chama Divina.

Aqui estão alguns valores que, quando adquiridos, capacitam o Espírito a ir mais além, promovendo-se na escalada evolutiva em que foi lançado pela Divindade. São palavras que simbolizam aspectos mais profundos que devem ser integrados ao Espírito para que se capacite ao entendimento do mistério que o cerca.

Tais valores são encontrados nas chamadas virtudes cristãs e nas inúmeras expressões morais dos códigos religiosos de todas as culturas. Não são novidades nem suplantam as interpretações conhecidas. São pequenos acréscimos, provenientes do entendimento pessoal, que muito contribuíram para meu próprio crescimento espiritual.

Espero que o leitor deguste as palavras aqui escritas, utilizando-se do coração como pano de fundo para sua compreensão.

O objetivo, acima de tudo, foi levar entendimento de que todos somos Espíritos imortais e razão última da existência de Deus.

ALEGRIA

Os Espíritos se interessam por nossa infelicidade e por nossa prosperidade? Os que nos desejam o bem se afligem com os males que experimentamos durante a vida?

– Os bons Espíritos fazem tanto bem quanto possível e ficam felizes com todas as vossas alegrias. Eles se afligem com os vossos males quando não os suportais com resignação, porque esses males são sem resultado para vós: sois como o doente que rejeita a bebida amarga que o deve curar.

"O Livro dos Espíritos", Allan Kardec, Questão 486, Boa Nova Editora

{...} *"O Espiritismo está no ar; se espalha pela força das coisas, e porque torna feliz os que o professam".* {...}

"O Livro dos Médiuns", Capítulo III, Método, Item 30, Boa Nova Editora

Ser alegre é sintonizar com as Forças Superiores do Universo, consciente de que Deus se manifesta através do próprio Espírito que se é. Ser alegre é estar em constante sintonia com o divino, que a tudo permeia.

VALORES DO ESPÍRITO

A alegria nasce da consciência em paz. Fruto do prazer de viver, independentemente das dificuldades naturais da vida. Trata-se da manifestação da face divina, que incentiva o Espírito na apresentação do estado íntimo de felicidade.

Busque em seu dia a dia estabelecer como meta estar alegre no contato com as pessoas, a fim de que seu estado mental influencie e contribua para o bem-estar de alguém. Seu exemplo, mesmo que não o queira dar, é seguido até de forma inconsciente pelas pessoas à sua volta.

Ser alegre é estar consciente de que as pessoas merecem receber o melhor de você. Dê sempre o melhor de você quando auxiliar alguém. Dar o melhor de si é garantia do desenvolvimento constante de potencialidades latentes no Inconsciente.

Sua alegria deve ocorrer pelo simples fato de existir como criatura de Deus. Isso implica em ser herdeiro do Universo, fadado à felicidade, ao encontro da Designação Pessoal e a se tornar o senhor da realidade.

Cultive o sorriso amigo e a disponibilidade no coração para o acolhimento ao outro. Ninguém merece sua zanga nem seu mau humor.

Ser alegre é sua responsabilidade, que deve nascer de sua consciência em paz. Não responsabilize ninguém quando você não conseguir alcançá-la. Não terceirizar responsabilidades é sinal de maturidade espiritual.

Qualquer problema de saúde, que porventura você tenha, não deve ser motivo para alterar sua alegria. Preocupar-se é necessário, mas não permita que qualquer doença altere seu estado íntimo.

Ninguém merece sua tristeza nem tampouco você, por isso cultive o bem-estar e a alegria geral. A permanência da tristeza prolonga sua dor e atrai doenças agressivas à mente e ao corpo físico.

Contagie as pessoas com sua tranquilidade e equilíbrio, permitindo que a alegria desabroche em seu sorriso simples. O sorriso revela alegria e disposição para o contato amistoso.

Baseie a felicidade e a alegria na consciência íntima de sua imortalidade. O fato de você se perceber um Espírito imortal deve ser suficiente para manter sua alegria permanentemente.

Lembre-se de que a alegria externa não significa transformação interior, mas é apenas um de seus sinais e o começo dela. Trabalhe para que sua alegria seja oriunda da paz interior e da consciência voltada para o bem maior.

Alegria em casa

Encontre satisfação e alegria junto àqueles que convivem com você, pois em casa se encontram os principais motivos para que sua vida seja uma grande comemoração. Como você, seus familiares são Espíritos que buscam compartilhar a vida e serem felizes.

Alegria na religião

Seja sempre alegre em contato com sua religião, pois esta deve se tornar motivo de felicidade e de prazer, tendo em vista sua capacidade de tornar consciente sua conexão com Deus. Sua religião deve sempre lhe trazer felicidade, paz e alegria constantes.

Alegria na vida

Viva com alegria e torne seus dias grandes momentos de celebração a si mesmo, à natureza e a Deus. Lembre-se de que sua vida vale mais do que tudo que a ela seja externo. Viva sempre como quem possui um grande tesouro para usufruir.

Alegria no trabalho

Trabalhe com satisfação, independentemente de considerar sua atividade uma obrigação. O que você executar com alegria e satisfação, transformar-se-á em elemento de sustentação interior.

ALTERIDADE

Que definição se pode dar dos Espíritos?

– Pode-se dizer que os Espíritos são os seres inteligentes da Criação. Povoam o Universo fora do mundo material.

"O Livro dos Espíritos", Questão 76, Boa Nova Editora.

A percepção de que há alguém que não sou eu, define o significado da palavra alteridade. Identificar as características típicas de outra pessoa, sem julgamento de valor, permite a verdadeira noção de respeito à identidade do outro.

Muito embora tenhamos características e tendências comuns, somos todos diferentes em face das múltiplas experiências vividas nas várias encarnações. Tais diferenças não se constituem em entraves ao contato e à formação de vínculos.

O tratamento que se dá a alguém, escutando-o sem rejeições, favorece a conexão de alma para alma, fortalecendo o senso de filiação divina. Somos todos oriundos do mesmo amor de Deus.

Quando alguém percebe que sabemos ouvi-lo dispõe-se a nos escutar sem restrições. Um ouvido apurado e atento à fala do outro, possibilita a transparência e a liberdade na comunicação. O exercício da alteridade gera confiança, favorecendo o trabalho em grupo.

Alteridade é percepção de singularidade na personalidade do outro. Sempre que possível busque, nas suas relações interpessoais, atuar com alteridade, a fim de que haja simpatia, receptividade e real conexão afetiva.

Quando alguém lhe solicitar algo que esteja ao seu alcance realizar, tente fazer mais do que lhe foi solicitado. Sua atitude vai angariar disposição do outro em agir com a mesma vontade em seu favor. Fazer mais do que o solicitado é entender as necessidades do outro, agindo com máxima alteridade.

O outro é alguém, como eu, que deseja ser legitimado, reconhecido e respeitado em seus direitos. Tratá-lo com alteridade é dar-lhe a condição de pessoa humana, com todos os atributos que lhe são inerentes. Todo ser humano é legítimo representante de Deus.

Alcançar relações de alteridade é sinal de maturidade do Espírito, cuja conquista o capacita ao contato com as Forças Superiores do Universo.

Alteridade em casa

No ambiente doméstico encontram-se seus afetos. São espíritos convidados ao convívio afetivo, a fim de se permitirem experiências de crescimento na prática do amor. Respeite as pessoas com quem convive, lembrando-se da alteridade, para que, quando novos reencontros aconteçam, sejam plenos de satisfação e alegria para todos.

Alteridade nas relações de poder

No trato com subordinados, na vivência de atividades profissionais, respeite aqueles que se encontram na condição de empregados, pois são espíritos que, como você, desejam aprender e a realizar o seu melhor. As relações de alteridade no ambiente de trabalho favorecem a compreensão mútua e o aumento da produtividade.

Alteridade na religião

Nas atividades religiosas considere que todos se encontram no mesmo nível de aprendizado, requerendo atenção, cuidado e compreensão de seus próprios limites. Seja respeitoso com os limites dos outros e com suas necessidades evolutivas. A alteridade permitirá a conquista da simpatia e da construção de uma relação saudável. Permitirá que você dê ao outro o que de fato ele necessita, sem exageros ou superioridade.

Alteridade com as minorias

VALORES DO ESPÍRITO

O respeito às diferentes opções comportamentais e culturais demonstra maturidade psicológica e consciência da alteridade para com o semelhante. Somos espíritos imortais, com diferentes trajetórias e com direito a expressar cada um sua natureza íntima, respeitando o mesmo direito dos outros.

AMOROSIDADE

{...} *"O amor está por toda parte na Natureza, que nos convida a exercitar nossa inteligência; é encontrado até nos movimentos dos astros. É o amor que orna a Natureza de seus ricos tapetes; ele se enfeita e fixa sua morada lá onde encontra flores e perfumes. É ainda o amor que dá a paz aos homens, a calma ao mar, o silêncio aos ventos e o sono à dor".*

"O Evangelho Segundo o Espiritismo", Allan Kardec, Introdução, item XVI, Boa Nova Editora.

Estado de equilíbrio e de satisfação em doar-se a alguém. Fruto da paz interior e da vontade de fazer o bem ao próximo. É desejo de conexão afetiva com o outro, mesmo quando as diferenças se exaltam.

Representa o amor em ação, sem exigências ao comportamento ou à receptividade do outro. É expressão de quem deseja vivenciar o amor nas mais simples experiências da vida.

Cultive o hábito de colocar doçura na fala e leveza na mente. O outro não merece receber a projeção de sua sombra, quando ela é negativa. É a amorosidade que evita a projeção de seu lado sombrio.

VALORES DO ESPÍRITO

Quando você acordar de mau humor e suas palavras se mostrarem ácidas, certamente você estará tomado por algum *complexo* inconsciente. Tão logo note, sintonize com o que o provocou e busque conscientizá-lo e dissolvê-lo, pois a amorosidade implica em consciência do que se faz em favor da paz e da harmonia com o outro.

As pessoas com as quais você vai encontrar hoje são mensageiras de lições preciosas. Embora elas nem sempre o saibam, você poderá torná-las boas mestras, quando as receber com amorosidade.

A condição de criatura faz com que você tenha qualidades divinas, que se prestam a contribuir para com a paz onde se encontre. Descubra suas virtudes e utilize-as com amorosidade. Sempre que aplicar seus valores nas atitudes, apresentará ao outro sua identidade e essência interior.

Nunca perca a oportunidade de ser amoroso com alguém. Quando assim age, você toca o coração do outro, permitindo-lhe sintonizar com as Forças Superiores da Natureza. É através de você que Deus revela Sua amorosidade.

Deus é amoroso e o ser humano é Sua imagem e semelhança. Coloque para fora o Deus que habita em você através da amorosidade. Ele aguarda sua decisão de mostrar-Lhe Seu principal atributo.

A manifestação da amorosidade é garantia para uma vida espiritualmente saudável e para a conquista do carinho e do respeito do outro. Em sociedade, a amorosidade é uma qualidade de alto valor pessoal.

Amorosidade com a família

É com os membros de sua família que você deve manifestar o máximo de amorosidade, pois é com eles que você merece conviver e vice-versa. Trate-os da melhor forma possível, a fim de melhorar-se com eles. A amorosidade aproxima antigos desafetos e fortalece velhos amores.

Amorosidade na morte

Diante da morte, coloque para fora toda a amorosidade possível tanto para quem retornou à vida espiritual, como também para aqueles que ficaram. Evite encarar a morte com pesar, pois ela é apenas uma mudança de endereço. A vida no corpo físico tem sentido quando se entende o significado de sua morte.

Amorosidade no sexo

Transforme o ato sexual num momento de encontro amoroso, elevando à condição humana o que já foi animal. Faça dele um ato de amor, de encontro e troca efetiva de fluidos positivos.

Amorosidade com estranhos

VALORES DO ESPÍRITO

Trate as pessoas, independente da quantidade de tempo que as conhece, com amorosidade, pois elas terão a melhor impressão sobre você. A amorosidade abre o coração do outro para o acolhimento.

ASSERTIVIDADE

– *"Seja, porém, o vosso falar: sim, sim; não, não; porque o que passa disto é de procedência maligna".*

(Mateus 5.37).

Assertividade é atitude firme, consciente e coerente em favor de um propósito. Ser assertivo é ser objetivo e direto na consecução de uma meta. É agir sem rodeios e com senso de propósito definido. A assertividade não é rigidez, pois admite a flexibilidade na busca de soluções adequadas aos propósitos requeridos.

É desejável a assertividade sempre que a experiência requisitar agilidade, tempestividade e menor gasto de energia. Toda ação deve ser feita com qualidade, visando resultados ótimos que beneficiem seu agente, bem como todos à sua volta. A assertividade deve garantir a qualidade, pois tudo merece ser bem feito, visando o bem-estar pessoal e coletivo.

Com assertividade, o resultado das ações produz mais disposição de viver e de agir em favor do coletivo. Agir assertivamente é atuar com sinergia, maximizando recursos e reduzindo tempo. A assertividade garante o ganho de energia para novas realizações do Espírito.

Assertividade não quer dizer pressa nem frieza nas ações, mas objetividade consciente de quem quer fazer o melhor, agindo com eficiência. Representa a inteligência a serviço do amor naquilo que se faz.

A assertividade não titubeia nem posterga ações, que carecem de execução há muito adiada. Coloca o indivíduo em posição de agir, evitando a preguiça e a morosidade no que deve ser feito para o bem de si e de todos. É contrária à inércia e ao desperdício de energia.

A assertividade retira a inércia típica dos que são inseguros para agir e dos que são indecisos na hora de atuar em benefício pessoal e coletivo. Coloca o Espírito em condições de enfrentar problemas, superar obstáculos e vencer desafios aparentemente impossíveis.

Sempre que for necessário promover mudanças na vida, a assertividade deve ser exigida para que não haja retrocesso nem prejuízos. A vida coloca todos os seres humanos em movimento contínuo, exigindo assertividade para que as perdas sejam mínimas e as mudanças se tornem fator de segurança e de melhoria contínuas.

Assertividade no trabalho

Todo trabalho deve ser feito com segurança, qualidade e menor desprendimento de energia. A assertividade é garantia de presteza e de objetividade, na certeza de que se alcancem os objetivos previstos. Aja sempre de forma assertiva para que seu trabalho seja visto com seriedade, e você angarie o respeito, conquistando novos patamares profissionais.

Assertividade ao acordar

Ao acordar, esteja sempre disposto a realizar assertivamente o que tem de ser feito naquele dia, garantindo tempo excedente para seu deleite e seu descanso. Sempre reflita como fez e faz as tarefas que lhe cabem, para que encontre meios de fazê-las melhor. Pensando em ser assertivo ao se levantar, você começará o dia de bem com a vida, suscetível às boas influências, atraindo o que de melhor existe ao seu redor.

Assertividade no que deve ser feito

Coloque sua marca de qualidade em tudo que fizer, até nas mínimas coisas. Você é o que pensa, sente e faz. A assertividade deverá ser parte integrante de seu modo de planejar e executar tarefas. Sua vida se constitui em feitos internos e externos. Coloque sempre a assertividade em todos os momentos decisórios.

AUTODETERMINAÇÃO

Se o Espírito pode escolher o gênero de provas que deve suportar, segue-se daí que todas as tribulações que experimentamos na vida foram previstas e escolhidas por nós?

– Todas, não é a palavra, pois não se pode dizer que escolhestes e previstes tudo o que vos acontece no mundo, até as menores coisas; escolhestes o gênero de provas, os fatos de detalhes são a consequência da vossa posição e, frequentemente, de vossas próprias ações. Se o Espírito quis nascer entre malfeitores, por exemplo, ele sabia a que arrastamentos se expunha, mas não cada um dos atos que viria a praticar; esses atos são o efeito de sua vontade, ou do seu livre arbítrio. O Espírito sabe que escolhendo tal caminho terá de suportar tal gênero de luta; sabe, pois, a natureza das vicissitudes que enfrentará, mas não sabe quais acontecimentos o aguardam. Os detalhes dos acontecimentos nascem das circunstâncias e da força das coisas. Somente os grandes acontecimentos, aqueles que influem sobre o destino, são previstos. Se tomas um caminho cheio de sulcos profundos, sabes que deves tomar grandes precauções, porque tens chances de cair, e não sabes em que lugar cairás; pode ser, também, que não caias se fores

bastante prudente. Se, passando por uma rua, uma telha te cair na cabeça, não creiais que estava escrito, como vulgarmente se diz.

"O Livro dos Espíritos", Allan Kardec, Questão 259, Boa Nova Editora.

Autodeterminação é a condição do Espírito que atingiu o poder de decidir sobre seu próprio destino. É tornar-se proprietário de si mesmo, sem depender exclusivamente de terceiros para fazer suas escolhas na vida.

A evolução do Espírito é para a construção de sua autodeterminação. O evoluído é autodeterminado, pois internalizou as leis de Deus e já sabe como conduzir seu destino de acordo com suas próprias convicções.

Autodeterminar-se é agir de acordo com princípios próprios, consoantes aos desígnios divinos já integrados ao Espírito que se é.

A busca da felicidade passa pela necessidade de se autodeterminar. Uma pessoa feliz necessariamente deve ser uma pessoa autodeterminada, pois sua felicidade é baseada na autoconsciência de si.

A autodeterminação é o amadurecimento do Espírito, que já sabe como agir para o bem pessoal e coletivo. O Espírito autodeterminado possui um conjunto de princípios válidos para todos que se encontram em seu mesmo nível de evolução e que asseguram alcançar novos e melhores patamares espirituais.

Uma pessoa autodeterminada entendeu o sentido e o

significado da própria vida, capacitando-se para alcançar a felicidade plena. O encontro da realização e da designação pessoal garante a conquista da autodeterminação.

O processo de aquisição da autodeterminação requer desidentificar-se do coletivo, mostrando a própria singularidade sem se isolar do convívio social. É um processo de transgressão pacífica e de luta pela afirmação da própria natureza.

Autodeterminar-se é assumir a condição de autor do próprio destino sendo proprietário de si mesmo, atribuindo-se total responsabilidade pelo que se pensa, sente e faz. É ser dono de si mesmo, dando satisfação de sua conduta a Deus, contribuindo para o bem-estar coletivo.

É não sair da condição humana, mesmo reconhecendo as próprias conquistas no campo da sabedoria e do amor.

Autodeterminação e fé

Uma pessoa autodeterminada utiliza a fé como mecanismo de contato com o divino, sem exaltá-la como meio supremo de entender a vida e o mundo que a cerca. Com a autodeterminação, o crente passa de seguidor passivo a agente ativo de seu próprio destino, além de transformar a realidade à sua volta.

Autodeterminação na meia-idade

Na meia-idade, a autodeterminação promove a crise que leva à autonomia do pensar e do realizar o próprio destino, livre das amarras com o passado e das influências do meio. Haverá uma época em que o indivíduo decidirá ser o responsável pelo que lhe ocorre, não atribuindo a mais ninguém a causa de sua desdita, infortúnio ou situação difícil, que porventura esteja atravessando.

Autodeterminação e transformação

Transformação é mudança interior, independentemente dos comportamentos padronizados frente ao mundo. Todo Espírito deve buscar sua autotransformação, visando à autodeterminação. Uma contribui com a outra, sendo que a autodeterminação favorecerá cada vez mais mudanças na personalidade, à serviço da evolução do Espírito.

BONDADE

"{..} O homem, penetrado do sentimento de caridade e de amor ao próximo, faz o bem pelo bem, sem esperança de compensação, e sacrifica o seu interesse à justiça. Ele é bom, humano e benevolente para todo o mundo, porque vê irmãos em todos os homens, sem exceção de raças nem de crenças. {..}".

"O Livro dos Espíritos" – Comentários de Allan Kardec à questão 918, Boa Nova Editora.

Desejo natural de servir a outrem sem benefício próprio. O ser humano, em sua essência, possui a natural bondade, independente de seu nível evolutivo, devendo desabrochá-la a serviço do desenvolvimento de sua personalidade.

Todos somos bons, mesmo sem querer. É um arquétipo disponível para estruturar atitudes caridosas para com o próximo. Trata-se, portanto, de uma tendência comum que permite ações generosas, fundamentadas no amor incondicional.

Permita-se, sempre que possível, realizar um ato de bondade sem que, muitas vezes, seu beneficiário saiba quem foi o autor. É um ato voluntário, desinteressado e visando ao bem-estar de alguém.

A caridade quando feita espontaneamente, costuma mobilizar o Universo em favor de quem a pratica. As Forças Superiores do Universo conspiram a favor de quem age de forma bondosa para com seu semelhante.

A bondade é atributo de quem nada exige do outro nem tampouco faz por interesse de retribuição. Assim age quem sintoniza com o "pensamento" divino.

Todos somos bons em essência e devemos estimular a manifestação desse importante atributo humano. Quando uma pessoa age com bondade, influencia todos à sua volta.

Procure hoje resolver alguns de seus conflitos cedendo em favor de alguém, pois quem renuncia vence. A bondade é um importante ingrediente para uma personalidade influente.

A bondade é o antídoto mais eficaz contra o egoísmo. Cure-se dos males consequentes do egoísmo com simples atos de bondade.

Aquilo que pedimos a Deus e que somos capazes de ceder a alguém, que precisa mais do que nós, retorna naturalmente a nosso favor. A vida sempre nos oferece algo muito melhor do que merecemos.

Todo ato desinteressado proporciona ondas de amor em torno de quem o pratica. A aura de quem age com bondade se expande ao infinito.

Inicie seu processo de transformação com pelo menos um ato de bondade. A bondade que se dá é aquela que a Vida nos devolve.

Bondade com dinheiro

Seja bondoso e generoso com os recursos financeiros que possui, pois o desprendimento pode se iniciar com algumas moedas. Não acumule o que pode ser distribuído adequadamente. Use o dinheiro com responsabilidade, a serviço de sua evolução e do próximo.

Bondade na vida

Exercite sua capacidade de desprender-se auxiliando caridosamente quem precisa. Somos todos filhos de um mesmo Pai e temos um destino comum, no qual seremos todos felizes se nos auxiliarmos mutuamente. A bondade irmana.

Bondade amando

Seja bondoso com quem você ama, pois a relação não resiste se não houver ajuda mútua para a compreensão. Na base de toda amizade estará a bondade, fazendo com que o coração vibre na faixa do amor desinteressado.

Bondade no sofrimento

VALORES DO ESPÍRITO

Mesmo que você, por algum motivo, esteja sofrendo, não deixe de exercitar sua bondade para com as pessoas à sua volta, pois elas não merecem seu azedume. Sua bondade é fator de cura para si e para o próximo.

CALMA

"A calma e a resignação, hauridas na maneira de encarar a vida terrestre e na fé no futuro, dão ao espírito uma serenidade que é o melhor preservativo contra a loucura e o suicídio. {..}."

"O Evangelho Segundo o Espiritismo", Allan Kardec. Capítulo V, item 14, Boa Nova Editora.

Estado de reflexão, tranquilidade e harmonia antes da execução de uma atividade. Permite o encontro de soluções mais equilibradas na tomada de decisões e de ações na vida.

A calma é o domínio e a educação da energia da raiva natural, que há em todo ser humano. Adotá-la representa aquisição de importante instrumento para uma vida equilibrada e sadia.

Aja sempre com calma quando tiver que enfrentar uma situação desfavorável ou sobre a qual lhe falte o domínio. Quando a situação se apresentar adversa, utilize-se da calma como meio de prevenir-se contra os inconvenientes e perigos que surgirem.

Observe se seu orgulho o impede de agir com calma.

Caso isso ocorra, eduque-o para que não o cegue. O orgulho inibe a reflexão saudável e perturba a ação eficiente.

Quando você observar que alguém não age com calma, verifique de que forma você pode ajudá-lo a perceber. Quando a situação lhe for favorável não tripudie sobre o desequilíbrio do outro. Sua calma poderá proporcionar um clima favorável a todos.

A calma decorre da consciência em paz e em harmonia, sem exigências ou cobranças ao outro. É fruto da maturidade do Espírito que já aprendeu a conduzir-se, tendo controle natural sobre as situações, mesmo em ambientes desfavoráveis.

Quando a raiva teimar em dirigir suas atitudes, procure lembrar-se de que é uma energia, que nasce dentro de você e que o outro não é responsável por isso. O outro, com sua atitude, canaliza seu eu para processos ainda não bem resolvidos em você. Direcione sua raiva em busca de alternativas para lidar com o conflito que a provocou.

Sua calma, por muito exercitá-la, acabará por contagiar as pessoas, que mudarão seu padrão vibratório, seguindo sua harmonia interior. Você, naturalmente, é espelho para todos à sua volta.

Qualquer que seja a situação, aja sempre com calma. Mesmo que nada possa ser feito, adote a postura de orar em silêncio, pois a prece é boa companheira da calma. Pela oração você mobiliza forças em favor da harmonia do ambiente.

Calma e dinheiro

Considere o dinheiro uma energia da qual você depende, mas tenha consciência que sua falta não lhe ameaçará a sobrevivência. Mantenha-se, portanto, calmo para melhor conduzir sua vida com ou sem ele. Sua calma favorecerá o surgimento de ideias saudáveis para suas realizações em todos os campos da vida.

Calma viajando

Em viagem, qualquer que seja o motivo, não perca a calma, pois é fundamental estar tranquilo para a tomada de decisões importantes. Se sua viagem é de férias, adote a calma como meio para seu deleite. Usufrua da vida, degustando-a sempre com calma e harmonia.

Calma na doença

Mesmo que você esteja doente, não perca a calma, pois sua dor se intensifica à medida que você se exaspera. Quanto mais equilíbrio, menos sofrimento. A calma é antídoto para muitas dores no corpo e na alma. Seja sempre paciente e calmo nos momentos de fragilidade.

Calma na vida

A vida lhe pede calma para que você a trate como algo

muito precioso e importante. Não exagere nem perca a paz, pois ela lhe será generosa por isso. A calma produz a paz e contamina a todos.

COMPAIXÃO

"{..} – *Mas um Samaritano que viajava, chegando ao lugar onde estava esse homem, e tendo-o visto, foi tocado de compaixão por ele. Se aproximou, pois, dele, derramou óleo e vinho em suas feridas e as enfaixou; e tendo-o colocado sobre seu cavalo, o conduziu a uma hospedaria e cuidou dele. {..}.*"

"O Evangelho Segundo o Espiritismo", Allan Kardec. Capítulo XV, item 2, Boa Nova Editora.

Íntimo desejo de ajudar alguém, sentindo-lhe a necessidade como se sua fosse. A compaixão é a virtude que nasce do amor incondicional e do desejo sincero de elevar o outro.

Adotar a compaixão na vida é sentir-se uno com alguém, representando Deus na atitude para com ele. É agir em consonância com o "sentimento" divino para com a criatura.

Tenha compaixão por aquele que se encontra em erro, visto que nem sempre é possível ele próprio perceber. Seja a luz de que ele precisa para iluminar a consciência. Não julgue nem condene, pois a compaixão é compreensiva e libertadora.

Adote a compaixão como forma de lidar com a dor

e o sofrimento alheio. A solidariedade diminui a dor que o próximo sente e fortalece quem a pratica. Quem se utiliza da compaixão promove em si mesmo o sentimento de conexão profunda com o divino.

A compaixão, mais do que o ato de se doar, é o sentimento de compartilhar as emoções do outro em favor dele mesmo. É estar em contato com a alma do outro, sentindo a gratidão pela solidariedade acontecida.

A compaixão não é um sentimento barato ou piegas, mas uma emoção do Espírito em favor da Vida. Contribui para o encontro de corações em favor do entendimento entre os seres humanos.

Desenvolva a compaixão em você, permitindo-se nutrir pelo ser humano respeito e dedicando-lhe admiração sincera. A compaixão promove o sentimento de irmandade e de igualdade entre todos.

Destine uma parte de sua energia mental e de seu tempo para causas humanitárias, que favoreçam o desenvolvimento de emoções superiores e nobres. A humanidade é sua família, e você tem responsabilidade sobre seu destino.

Ocupe-se de afazeres, nos horários de lazer, que venham a fortalecer seu senso de pertencimento à humanidade. Desfrute o prazer de viver, sempre considerando que seu próximo também tem o mesmo direito. Aja com compaixão quando, desfrutando de seu lazer, as situações assim necessitem.

Cuide para que seu coração não se enrijeça sem a lágrima do sentimento e sem a emoção do amor por alguém.

Permita-se sentir a Vida como uma imensa possibilidade de amar e de auxiliar a instalação de um mundo melhor. O uso da compaixão é um termômetro para que você se aperceba em sintonia com o divino.

Compaixão diante da dor alheia

Não lamente por aquele que se encontra doente do corpo, pois embora ele esteja sofrendo, já está se livrando de uma expiação. Lamente por aquele que se encontra cometendo equívocos e não sabe o que passará no futuro para aprender a não mais cometê-los.

Compaixão e vítimas

Muito embora ninguém sofra injustamente, tenha compaixão pelas vítimas de qualquer espécie, pois elas nem sempre sabem por que sofrem. Busque de alguma forma consolá-las e orientá-las no bem. A vida sempre coloca pessoas em nosso caminho para aprendermos e exercitarmos a compaixão.

Compaixão e doentes

Tenha compaixão pelos doentes, buscando explicar-lhes o porquê da dor e a necessidade de encontrar o motivo dela e de procurar meios de erradicá-la. O outro é nossa oportunidade de auxiliar e crescer.

Compaixão diante da miséria humana

Sensibilize-se pela miséria humana, que da mesma forma o atinge, visto que você também é parte da humanidade. Movido pela compaixão, procure fazer algo para erradicá-la. Seja, sempre que possível, um agente divino a serviço do bem.

CONECTIVIDADE

O Espírito reencontra imediatamente aqueles que ele conheceu sobre a Terra e que morreram antes dele?

– Sim, segundo a afeição que lhes tinha e a que tinham por ele; frequentemente, eles o vêm receber em sua reentrada no mundo dos Espíritos, e o ajudam a se libertar das faixas da matéria; como também há muitos que reencontra e que havia perdido de vista em sua permanência sobre a Terra. Vê aqueles que estão errantes; aqueles que estão encarnados, e os vai visitar.

"O Livro dos Espíritos", Allan Kardec. Questão 160, Boa Nova Editora.

A continuidade do eu é um dos pilares básicos da vida, que se deseja realizar e dar significado, pois é na relação com o outro que o ser humano adquire as mais significativas experiências para sua evolução. Conectar-se com alguém é sentir-se com igualdade de direitos e deveres e com vontade de partilhar emoções.

Conectividade é o princípio que gera a afetividade, pelo compartilhamento das experiências vividas. Todos querem legitimar os próprios atos pelo olhar especifico de alguém. Por mais que se viva sozinho ou isolado do mundo, haverá um momento em que se esgotará toda possibilidade de crescimento, e o outro será requerido para a riqueza da vivência de novas experiências.

O impulso natural do Espírito, na direção da consciência e da realidade que o cerca, leva-o inevitavelmente à conectividade. Sem ela não há evolução possível. Necessitamos do outro como elemento de projeção de nossa própria natureza, a fim de conhecê-la.

Da sensação ao instinto, do instinto à percepção, da percepção ao afeto e deste ao amor: são os caminhos da conectividade a serviço da evolução do Espírito. Estamos todos invariavelmente conectados numa grande rede, ligada ao Criador da Vida.

O amor nasce da conectividade que se estabelece com alguém na vivência de longas experiências afetivas. A conectividade é promovida pelo *Eros* da vida. Tenha sempre sua vida preenchida de amor em todas as conexões que estabeleça.

O desejo inato do ser humano de se conectar a alguém, como se lhe fosse um complemento, advém da necessidade de estabelecer o Grande Encontro com o Divino. Encontrar-se com alguém, de alma para alma, é sentir Deus em si mesmo.

O Princípio Espiritual, *protoforma* do Espírito que somos, alcançou a condição atual graças à conectividade estabelecida com o outro, com a Natureza e consigo mesmo. O desejo de estabelecer conectividade com o outro é o embrião do exercício da amorosidade.

Conectividade e prazer

A conectividade nutre o Espírito, dando-lhe prazer, motivação e entusiasmo. Sem ela as relações ficam insossas, áridas e estéreis. A vida nos reserva sentimentos superiores, sempre que nos conectamos ao outro pelos laços fortes do amor incondicional. Passar pela encarnação, sem se sentir conectado a alguém, contribui para o sentimento de não pertencimento, ampliando a orfandade na alma.

Conectividade e solidão

A conectividade é o grande antídoto da solidão, pois permite conexões afetivas que garantem a amizade, a fraternidade e a cumplicidade afetiva. Quem se conecta, vinculando-se ao coração de alguém, nunca fica sozinho, pois se sente filiado a uma grande família.

Conectividade e casamento

A base central do casamento são o amor e a amizade que se estabelece com alguém, permitindo a conectividade dos corações. Todo casamento fracassa quando os laços da conectividade e da amizade se enfraquecem, possibilitando desvios exteriores.

Conectividade nas tarefas

Tudo que fizer em favor do bem coletivo, busque estabelecer vínculos para que sua ação atraia outras pessoas. As tarefas ficam mais leves e o trabalho flui mais rápido quando nos conectamos a outros corações na mesma faixa de vibração.

CONFIANÇA

"{..} No sentido próprio, é certo que a confiança nas próprias forças torna capaz de executar coisas materiais que não se pode fazer quando se duvida de si; mas aqui é unicamente no sentido moral que se deve entender essas palavras. As montanhas que a fé transporta são as dificuldades, as resistências, a má vontade, numa palavra, que se encontra entre os homens, mesmo quando se trata das melhores coisas; {..}".

"O Evangelho Segundo o Espiritismo", Allan Kardec. Capítulo XIX, item 2, Boa Nova Editora.

Condição de equilíbrio pessoal em face da ausência de medo e da capacidade de administrar as consequências dos próprios atos. É a certeza de que tudo estará bem e nada poderá destruir o sentimento íntimo de conexão com o divino.

A confiança nasce da certeza da presença de Deus no destino pessoal. Confiar em Deus permite a autoconfiança e a flexibilidade para modificar o próprio destino: estabelece-se o sentimento de que as coisas fluirão com naturalidade e os objetivos pretendidos serão alcançados.

Confie em sua intuição, pois ela está mais próxima de

sua essência divina que o próprio ego. A intuição é a função que nos permite acesso à criatividade e ao que de melhor existe em nosso mundo íntimo.

Valorize as pessoas que lhe infundem confiança, pois elas possuem algo que possivelmente lhe falta. Pessoas autoconfiantes nos trazem segurança e certeza de consecução adequada aos objetivos pretendidos.

Acredite sempre em sua capacidade de vencer obstáculos e de sair de situações difíceis. O ser humano renasce a cada dia para uma nova realidade. Sua segurança deve nascer da certeza profunda de sua forte ligação com Deus. Nada poderá quebrar sua origem divina.

Durante uma crise, tenha confiança que irá superá-la e que, depois de passar, algo novo você terá aprendido. Momentos de grande criatividade ocorrem após crises. Não esqueça que sua destinação é superior e você está fadado a ser feliz e encontrar o sentido e significado da existência. Fique sempre seguro e confie que seu destino é ditoso.

Lembre-se de que a confiança que você transmite para alguém, permite que a pessoa também supere obstáculos. Não se esqueça de que seu medo também contagia as pessoas. Aja sempre seguro de seus propósitos superiores em tudo que fizer.

Muito embora sejam necessárias, cuide para que as fantasias não dominem sua vida. A confiança excessiva de que elas vão acontecer pode lhe frustrar. Viva de acordo com suas possibilidades e procure, a cada dia, ampliá-las. A confiança deve ser pautada na busca de realizações maduras e coerentes.

Não permita que a dúvida se demore em sua consciência. O que quer que você tenha que decidir, faça-o assumindo as possíveis consequências, confiando que procurou o melhor para si e para seu semelhante.

Confie em você e em Deus. Cada vez mais transfira sua confiança em Deus para você mesmo. À medida que isso ocorre, terá novo entendimento a respeito de Deus.

Confiança nas pessoas

Não se frustre ao confiar nas pessoas, mesmo já tendo sido enganado, pois cada pessoa que engana alguém, a si mesmo o faz. Sua confiança poderá ser um incentivo para que o outro cresça e busque ser sincero e transparente em suas ações. Mesmo percebendo a astúcia do outro em querer enganá-lo, aja com tolerância demonstrando segurança no que faz, a fim de que o outro possa recuar de seu desejo inconsequente.

Confiança em si mesmo

Nunca deixe de confiar em si mesmo, desenvolvendo sua capacidade de realizar o que deseja. Em você, Deus deposita a capacidade de construir uma sociedade melhor. Autoconfiança, sob medida, é sinônimo de maturidade espiritual.

Confiança na Espiritualidade

Confie na ajuda espiritual, pois aqueles que o amam e que se encontram desencarnados velam por você e proporcionam condições para que sua felicidade seja possível. O Mundo Espiritual está repleto de Espíritos bem intencionados e que se ocupam permanentemente de fazer o bem.

Confiança em Deus

Confie no Deus que é amor e que o criou para a felicidade. Deus Se realiza através de você. Deus não pune nenhum ser humano.

CRIATIVIDADE

Em que consiste a missão dos Espíritos encarnados?

– Instruir os homens; ajudar seu progresso; melhorar suas instituições por meios diretos e materiais. Mas as missões são mais ou menos gerais e importantes: aquele que cultiva a terra cumpre uma missão, como aquele que governa ou aquele que instrui. Tudo se encadeia na Natureza; ao mesmo tempo em que o Espírito se depura pela encarnação, ele concorre, sob essa forma, para o cumprimento dos objetivos da Providência. Cada um tem sua missão neste mundo, porque cada um pode ser útil para alguma coisa.

"O Livro dos Espíritos, Allan Kardec". Questão 573, Boa Nova Editora.

A criatividade é a conexão do Espírito com as Forças Superiores da Natureza, favorecendo o surgimento do novo e do melhor. É o novo que traz a continuidade da vida, que a movimenta e a aquece. Criar é fazer nascer algo que renova e alimenta a alma de esperança e de confiança num futuro melhor. Seja sempre criativo em tudo que faz.

A alma é naturalmente criativa, pois é oriunda do poder absoluto e renovador do Criador. Sua fonte primeira capacita-a a sempre renovar-se e a forjar novos elementos em seus horizontes de vida.

A criatividade deve sempre ser evocada pela alma, principalmente quando se encontra desesperançosa e aflita. É pela criatividade que ela consegue sair do mutismo, da inércia e da angústia que, por vezes, atormentam-na. A criatividade é a luz que se acende na Consciência permitindo que se vislumbre amplas opções de escolhas e de possibilidades de realização.

Ser criativo é sintonizar com o divino, na medida em que o elemento favorecedor da manifestação da vida é promovido. Tudo na Natureza revela a face criativa de Deus, pois nada se repete ou se cristaliza eternamente. Deus nos mostra o quanto o Universo apresenta grande diversidade de seres e de possibilidades de caminhos. Tudo é múltiplo, diverso e ricamente elaborado na Natureza.

Quando as tendências parecerem apontar para o patológico ou o doentio, evoque sua criatividade para que algo novo seja possível em sua vida. Não permita que nada, absolutamente nada, interponha-se entre você e Deus. Há sempre mais de uma saída para qualquer situação considerada negativa.

Sua vida é um ato de criação, valorize-a permitindo que a criatividade esteja sempre presente, a cada dia, em cada ato e na construção de seu destino. Com arte e criatividade, você constrói naturalmente sua obra-prima: a própria vida.

Há em você um artista nato, capaz de manifestar a criatividade divina em tudo que faz. Seja o instrumento de Deus para que a vida se renove e se torne o objetivo a que se destina. Sua criatividade é fator de crescimento pessoal e coletivo. Utilize-a a serviço do bem-estar pessoal e geral.

Criatividade e doença

Na doença, principalmente quando lhe faltarem meios para alterar o curso das ocorrências com seu corpo, utilize a criatividade de suas ideias para sintonizar com o bem, tornando sua mente saudável e blindada contra o derrotismo. Encare a doença como acontecimento natural de seu caminho, pois está presente na vida de todo ser humano. Crie mecanismos que evoquem sua felicidade quando a doença se instalar em seu corpo físico.

Criatividade e arte

A arte é expressão da alma em linguagem não racional. É a comunicação sem o uso da razão, oriunda da fonte que brota diretamente do Espírito. Expressar-se pela arte é utilizar o máximo potencial da criatividade humana. Libere seu artista interior, para que ele faça de sua vida o que Deus para ela desejou. A arte é a comunicação que nos conecta ao divino e ao novo.

Criatividade em tudo que se faça

VALORES DO ESPÍRITO

Nas mínimas atitudes desenvolva formas criativas de agir, para se aproximar cada vez mais do divino, que há no íntimo de seu ser. Seja sempre criativo para que a Divindade se manifeste cada vez mais em sua vida. Você é obra-prima da criatividade divina.

CUMPLICIDADE

"{..} Não digais, pois, quando virdes um de vossos irmãos atingido: É a justiça de Deus, é preciso que ela tenha seu curso; mas dizei, ao contrário: Vejamos que meios nosso Pai misericordioso colocou ao meu alcance para abrandar o sofrimento de meu irmão. {..}".

"O Evangelho Segundo o Espiritismo", Allan Kardec. Capítulo V, item 27, Boa Nova Editora.

A cumplicidade é a intimidade que se estabelece pela confiança, pela sintonia de propósitos e pela afinidade de valores. Ser cúmplice é ser solidário e parceiro nos vários momentos da vida de alguém. A cumplicidade nasce da confiança em si da certeza de conseguir mobilizar o coração do outro em favor da franca amizade.

É partilhar das próprias energias em favor dos objetivos de outrem, por considerá-los como sendo seus. Sem alegações ou contrariedade, a partilha é prazerosa e não cobrada. A cumplicidade fortalece os laços de amizade, favorecendo a irmandade.

Ser cúmplice é ser solidário nas mínimas atitudes, antecipando-se ao desejo do outro, em favor de sua alegria e prazer. É manifestação do desejo de promover o bem-estar do outro para seu deleite. É sentir a alegria e a felicidade no coração do outro, para que o amor possa florescer.

É concordar com as atitudes e comportamento do outro, participando ativamente de seus objetivos, saindo em sua defesa quando necessário. É não deixar o outro sem apoio ou solidariedade em situações difíceis.

A cumplicidade promove a sustentação, dando o apoio necessário para a realização de atos em favor de alguém. Cúmplices tornam-se participativos em decisões e ações conjuntas.

A cumplicidade permite ao outro a divisão de responsabilidades e de esforços na consecução de objetivos. Proporciona a divisão de energias para a realização de tarefas em conjunto. A cumplicidade promove o sentimento de conectividade amorosa.

Quem é cúmplice diminui o peso da responsabilidade, que recai sobre alguém quando é chamado a prestar conta de seus atos. A cumplicidade alivia a alma e a torna melhor, pois quem se sente solidarizado em suas ações aprende que existem bondade e amor no coração humano.

Ser cúmplice é identificar-se com o outro, assumindo a autoria conjunta de seus atos, sem esquivar-se ou sem transferir responsabilidades.

A cumplicidade fortalece as relações interpessoais, promovendo a confiança e o senso de pertencimento. Graças à cumplicidade, o ser humano aprende noções básicas de solidariedade e de amor ao próximo.

Cumplicidade no relacionamento amoroso

A cumplicidade fortalece o vínculo afetivo proporcionando maior confiança, facilitando o diálogo franco e permitindo uma melhor troca amorosa. A cumplicidade permite maior intimidade na relação e faz brotar a confiança saudável e sincera.

Cumplicidade na amizade

A cumplicidade aproxima as pessoas, tornando-as mais conscientes do que as iguala, do que têm em comum e do que podem realizar juntas. Facilita a percepção dos fatores que favorecem o sentimento que as une e que as torna amigas.

Cumplicidade na adversidade

Nas dificuldades se conhecem os verdadeiros amigos. Cúmplices servem uns aos outros, provendo forte conexão afetiva. Sempre que perceber alguém com quem você estabeleceu vínculos afetivos em situação difícil, não deixe de prestar solidariedade, demonstrando cumplicidade e empatia.

Cumplicidade e religião

Seja cúmplice de Deus na realização de Sua obra. Sua participação consciente na formatação do Universo, plasmando-o de acordo com propósitos nobres e visando o bem, aproxima-o cada vez mais do divino.

DETERMINAÇÃO

"{..} *Se Deus, em seus desígnios, vos fez nascer num meio onde pudestes desenvolver a vossa inteligência, é que Ele quer que dela useis para o bem de todos; porque é uma missão que vos dá, colocando, em vossas mãos o instrumento com a ajuda do qual podeis desenvolver, a vosso turno, as inteligências retardatárias e as conduzir a Deus.* {..}".

"O Evangelho Segundo o Espiritismo", Allan Kardec. Capítulo VII, Item 13, Boa Nova Editora.

A determinação é a atitude constante e persistente de realizar a vida e de vivê-la como adulto, maduro e dono de si mesmo. É ser proprietário de sua vida, assumindo total consciência pelo que é e faz.

Determinar-se é dirigir o próprio destino consoante os desígnios de Deus, apreendidos na longa caminhada evolutiva. É assumir total responsabilidade pelas ações que executa, com firme propósito de alcançar o que deseja.

Seja psicologicamente dono de sua própria vida a fim de que possa realizar seu mundo interior. Você é o único responsável pelo seu destino, o único capaz de realizá-lo e compartilhar suas vitórias.

Determine-se a realizar o que deve, sendo transparente em suas atitudes, propondo-se, quando necessário, a explicá-las com coerência. Decididamente, pense que tudo, que deseja e em que acredita, fará parte de seu futuro, e irá interferir em sua felicidade. Faça tudo de forma consciente e com determinação.

Aceite os conselhos das pessoas, mas tome decisões de acordo com o bom senso e com seus propósitos de vida. Você é seu problema e, consequentemente, a solução está em você mesmo.

Siga o tempo com calma, de forma a não o atropelar, pois cada hora tem momentos que exigem determinação. Determinação não é pressa, nem impede que possa haver recuos proveitosos. Na vida, podemos ter movimentos rítmicos e harmônicos.

Não atribua a ninguém a culpa pelos seus equívocos; assuma-os com a mesma determinação com que executa os acertos. Sua vida é sua construção e seu destino é sua estrada. Determine-se em tudo.

Determine-se a mudar sempre que sua consciência se revelar equivocada em algum ponto. Ninguém cresce sem mudanças profundas e constantes. Não tenha receio de errar ou de mostrar equívocos.

Nunca se aproveite da vacilação de outrem. Melhor seria ensiná-lo a tomar decisões de forma consciente e a perceber as consequências de suas escolhas. Sua esperteza não deve humilhar ninguém.

Sua determinação depende de disciplina, de renúncia e de paciência. Cultive-a sempre a serviço de sua felicidade. Não passe por cima de ninguém sob pretexto algum. Você se desenvolve com os outros.

Dê tempo ao seu lazer e ao seu descanso, para que sua determinação possa estar sempre na consciência sem titubeios ou medos. Seja sempre consciente de seus atos e persiga seus objetivos de forma coerente e lúcida.

Determinação na realização de algum projeto

Persista quando quiser realizar algum projeto, buscando todos os meios éticos possíveis para alcançá-lo e compartilhando com alguém as etapas necessárias. Mostre sua determinação em tudo que fizer.

Determinação em buscar a eliminação de um vício

Persista na tentativa de eliminar algum vício, lembrando-se de que ele substitui algo que inconscientemente você ainda não sabe o que é ou, se sabe, não resolveu de forma satisfatória. Aprenda a renunciar ao que o incomoda. Seja persistente, determinado e coerente com seus objetivos. Não é difícil mudar. Basta querer, saber querer e persistir.

Determinação no desejo de se melhorar

Continue determinado a ser uma pessoa melhor do que é e consciente de que mudanças interiores se fazem com sacrifícios. Sacrificar é dirigir a energia de viver para objetivos nobres e éticos, visando à designação pessoal.

Determinação e flexibilidade

Seja uma pessoa determinada, porém perceba seus limites e possibilidades, identificando o momento de mudar de direção. Vá sempre para a direção que não agride ninguém, que traz felicidade a você e que o aproxima do sentimento de íntima conexão com Deus.

DOCILIDADE

"A doutrina de Jesus ensina, em toda parte, a obediência e a resignação, duas virtudes companheiras da doçura, muito ativas, embora os homens as confundam erradamente com a negação do sentimento e da vontade. A obediência é o consentimento da razão, a resignação é o consentimento do coração; ambas são forças ativas, porque carregam o fardo das provas que a revolta insensata deixa cair. O frouxo não pode ser resignado, não mais do que o orgulhoso e o egoísta não podem ser obedientes. {..}".

"O Evangelho Segundo o Espiritismo", Allan Kardec. Capítulo IX, Item 8, Boa Nova Editora.

Ser dócil é ser amável e cortês com as pessoas. Geralmente que age com docilidade são pessoas atenciosas, gentis e deferentes no trato interpessoal. São pessoas simples e amorosas na relação com os outros, sobretudo os estranhos.

A docilidade se confunde com a afabilidade, pois ambas adicionam uma dose de ternura e compaixão nas relações humanas. Torna a pessoa portadora de energia amorosa e contagiante.

Usar da docilidade é promover um clima de entendimento e de cordialidade na comunicação com outra pessoa, favorecendo a harmonia e o equilíbrio. A docilidade constrói uma aura de bem-estar e de satisfação pela presença da pessoa.

Seja dócil no trato com os outros. Isso favorecerá a capacidade do outro em ouvi-lo e compreender o que você deseja dele. Quanto mais você o trata com docilidade, mais ele o fará com você. Não confunda docilidade com submissão, pois esta anula sua identidade e não constrói uma relação de alteridade.

Utilize sempre a docilidade, pois ela contém a brandura, a moderação e o cometimento nas ações. Ser dócil é ser brando e pacífico – qualidades excepcionais que garantem a paz de espírito.

Cultive o pensamento flexível na análise das ideias que lhe surgem à mente. A flexibilidade no pensar afeta o agir, trazendo-lhe harmonia na vida. A flexibilidade é qualidade de quem é dócil, pois permite voltar atrás sempre que se percebe um equívoco ou que a situação exige.

Seja maleável, principalmente quando examinar questões, que dizem respeito ao seu destino e que interferem no de outra pessoa. A maleabilidade é qualidade especial para a construção de uma vida feliz. Pense sempre que há mais de uma solução adequada para cada problema.

É fundamental que você seja dócil quando tiver que apresentar e fazer valer suas opiniões. Quem se apresenta com humildade angaria simpatia. Sua docilidade permitirá que seja ouvido adequadamente e considerado em suas intenções.

Docilidade na vida

Seja dócil, deixando-se guiar quando estiver diante de pessoas amáveis, sábias e atenciosas. A vida nos ensina quando coloca em nosso caminho pessoas nas quais podemos nos espelhar com segurança. A docilidade admite o respeito pela sabedoria do outro.

Docilidade perante a agressividade

Diante de pessoas agressivas, evite responder com a mesma moeda. A docilidade perante aquele que se encontra em desequilíbrio, promove o desarmamento da agressividade, estabilizando o entendimento das partes. A agressividade é a energia da raiva não educada e utilizada sem amorosidade e sem docilidade.

Docilidade com os filhos

Seja dócil com seus filhos, a fim de que eles aprendam com você como se relaciona com amabilidade. Eles levarão para toda a vida os momentos de doçura vividos com você. Por mais que tragam seu próprio caráter, de alguma forma,

VALORES DO ESPÍRITO

sempre herdarão o que aprenderem no convívio doméstico. A docilidade para com eles contribui para a formação de pessoas amáveis e amorosas.

EMPATIA

"{..} A máxima: Fora da caridade não há salvação, é a consagração do princípio da igualdade diante de Deus e da liberdade de consciência; com esta máxima por regra, todos os homens são irmãos, e qualquer que seja a sua maneira de adorar a Deus, eles se estendem as mãos e oram uns pelos outros. {..}".

"O Evangelho Segundo o Espiritismo", Allan Kardec. Capítulo XV, Item 8, Boa Nova Editora.

Condição de se identificar com o outro, colocando-se em seu lugar e sentindo o que ele sente. É a função psíquica que permite a conexão com o outro, oportunizando que o entenda, conheça-o e proporcione-lhe sentimento de irmandade.

Aja com empatia para com todos, pois cada pessoa espera ser compreendida e deseja se sentir pertencente ao mesmo universo que você. A empatia é a base da relação sincera, madura e segura.

Quando nos habituamos a ouvir as pessoas, exercitamos a empatia. Quem aprende a ouvir respeita mais as opiniões alheias e facilita a convivência diária. Nunca deixe de usar a empatia, pois ela atrai a simpatia das pessoas ao seu modo de ser.

Procure ser solidário com os outros, sobretudo em seus momentos de crise. A empatia está na base das sólidas amizades. Todos querem se sentir acolhidos, compreendidos e amados.

Sob pretexto de querer ajudar, não invada a privacidade das pessoas com questionamentos impertinentes, porém, envolva-se no problema alheio, quando lhe for permitido.

Solidarize-se com os menos afortunados, mas não despreze aqueles que muito têm. Todos eles merecem sua energia positiva em qualquer momento. Utilize-se da empatia buscando perceber cada ser humano em seu patamar evolutivo. Trate todos igualmente, mas não esqueça as diferenças de cada um.

Seja sempre compreensivo com os problemas dos outros, pois o próximo a precisar de alguém poderá ser você. A empatia também o coloca em seu devido lugar, entendendo que ninguém é totalmente autossuficiente a ponto de desprezar um auxílio.

Não se esqueça de que cada ser humano merece sua especial atenção. Ela poderá ser importante catalisadora de boas ações, na medida em que você utilizar a empatia amorosa. A empatia proporciona uma imagem positiva em quem a utiliza.

Verifique se, para a solução de um conflito, não é necessário utilizar a empatia. Caso positivo, não perca tempo e procure a pessoa com a qual você interrompeu o curso de uma relação. Saiba ver a vida também pelo olhar do outro.

Estabeleça como norma de conduta e como regra em suas relações o desenvolvimento de sua empatia, tornando-a sua especial aliada no contato com os outros. Sempre que se utilizar da empatia, verá que tudo flui em harmonia.

Empatia com o ser humano

Lembre-se sempre de que toda pessoa, como você, quer o melhor para si e utiliza-se dos mesmos mecanismos psicológicos para alcançar seus objetivos. Aprenda a entender as pessoas como semelhantes a você.

Empatia para ouvir o outro

Ouça primeiro as pessoas antes de falar o que deseja, pois, certamente, suas ideias serão mais bem recebidas, depois de o outro satisfez seu desejo de expressão. Compreender o outro primeiro, favorece a obtenção do que se deseja.

Empatia para perdoar

Nunca se esqueça de que o perdão nasce sempre no coração que deixou o orgulho de lado. Pense sempre que o outro espera pelo seu perdão para seguir sua vida sem máculas. Quando não mais estiver no caminho de alguém que queira perdoar ou que espera o seu perdão, enderece-lhe uma prece, desejando que aquilo que de melhor existe em você vá para aquela pessoa.

Empatia sempre

Seja empático com a Vida, pois ela sorrirá para você na mesma proporção. A empatia é a base da felicidade nas relações humanas.

EQUILÍBRIO

"{..} Aquele que pode ser, com razão, qualificado de verdadeiro e sincero espírita, está num grau superior de adiantamento moral; o Espírito, que domina completamente a matéria, lhe dá uma percepção mais clara do futuro; os princípios da doutrina fazem vibrar nele as fibras que permanecem mudas nos primeiros; numa palavra, ele é tocado no coração; também a sua fé é inabalável. Um é como o músico, que se comove com certos acordes, ao passo que o outro não ouve senão sons. Reconhece-se o verdadeiro espírita pela sua transformação moral, e pelos esforços que faz para domar suas más inclinações; enquanto um se compraz em seu horizonte limitado, o outro, que compreende alguma coisa de melhor, se esforça para dele se libertar e sempre o consegue quando tem vontade firme".

"O Evangelho Segundo o Espiritismo", Allan Kardec. Capítulo XVII, Item 4, Boa Nova Editora.

Estado íntimo de quem se identificou com as forças superiores da vida. Estabilidade no pensar, no sentir e no agir, para que a vida aconteça segundo objetivos nobres e superiores.

Pratique o equilíbrio, agindo com calma e educando

seus impulsos instintivos. Ninguém está isento de que os instintos irrompam na consciência, portanto, aja sempre buscando educá-los com equilíbrio.

Centre sua vida num foco que lhe traga felicidade e satisfação interior. A vida é mais do que o que seus sentidos percebem. Seus sentidos necessitam de equilíbrio, para que atuem em favor do desenvolvimento de sua personalidade e se transformem em meios adequados de comunicação e apreensão das leis de Deus.

Faça com que seus atos se aproximem de seus pensamentos e sentimentos, a fim de que você se sinta o máximo possível em contato com sua essência íntima. O equilíbrio requer sintonia com seus instintos, suas emoções, seus sentimentos e seus atos.

Equilibre suas ambições com a capacidade de realizá-las, para que a frustração não lhe corrompa as forças nem mine suas energias. Coloque seus desejos a serviço do amor e da paz. Equilibrar ambição com competência e com habilidade é garantia de realização pessoal.

Concilie seu egocentrismo com a necessidade do encontro com o próximo. Aprenda a renunciar em favor de outrem. Dê ao outro a oportunidade de se expressar e de se sentir bem, sempre que possível. Controle seu desejo de mostrar superioridade desnecessariamente. Equilibre seu mundo íntimo para que não prejudique suas relações.

Deseje para si e para o próximo, simultaneamente, o que for de melhor. Nem sempre o que você deseja para você é o melhor para o outro. O equilíbrio está em ambos se reconhecerem em suas diferenças e em seus direitos.

Atenda os interesses da matéria e os do Espírito, pois eles são opostos que necessitam de conciliação. O equilíbrio entre ambos está em não se polarizar nenhum deles. A matéria permite que o Espírito ascenda.

Aja com senso de oportunidade para que seus impulsos de reação não tornem o momento um desastre aos seus objetivos. Aja no momento certo e com objetividade, equilibrando emoção e razão na realização de cada ato.

Seja fiel ao desejo de ser feliz e de fazer os outros felizes. A vida a dois pede equilíbrio na hora de se tomar decisões conjuntas.

Caminhe na direção que seu coração mandar, pois ele é um guia seguro quando se alia à razão. Faça tudo para que o amor se realize em sua vida, pois ela carece dele.

Equilíbrio em casa

Sua casa é a maior referência para alcançar o equilíbrio na vida. Transforme-a num lar para que seu psiquismo se encontre em equilíbrio, a fim de vencer os desafios que a vida lhe impõe.

Equilíbrio sem dinheiro

Encontre o ponto de equilíbrio quando os recursos financeiros forem escassos, pois ele lhe trará as energias necessárias para que você possa alcançar o que necessita. O dinheiro é útil, saiba buscá-lo na medida adequada e sendo sempre previdente.

Equilíbrio na doença

A doença é um sinal de algo que se encontra instável. Busque, em harmonia, a compreensão do que lhe falta para que o equilíbrio possa ser alcançado, visando sua felicidade.

Equilíbrio no sexo

Equilibre suas energias genésicas a serviço de sua felicidade, aprendendo a usá-las no campo próprio, com respeito ao outro, sem desviá-las inadequadamente. O equilíbrio vem do uso responsável.

FELICIDADE

"O homem está incessantemente em busca da felicidade que sempre lhe escapa sem cessar, porque a felicidade sem mescla não existe na Terra. Entretanto, apesar das vicissitudes que formam o cortejo inevitável desta vida, poderia pelo menos gozar de uma felicidade relativa, mas ele a procura nas coisas perecíveis e sujeitas às mesmas vicissitudes, quer dizer, nos prazeres materiais, ao invés de a procurar nos prazeres da alma, que são um antegozo dos prazeres celestes, imperecíveis; {..}."

"O Evangelho Segundo o Espiritismo", Allan Kardec. Capítulo V, Item 23, Boa Nova Editora.

Felicidade é estar na mais perfeita harmonia consigo mesmo e com a realidade. É o encontro com Deus, o qual leva o ser humano a vibrar a alma nas emoções mais superiores da Vida.

Seja feliz, mesmo que a vida não lhe sorria em tempo algum. Isso pode ser alcançado se você entende que cada momento tem seu valor e sua lição. Quando tudo parecer conspirar contra você, pense que a felicidade pode estar bem próxima, onde você menos procura.

Seja feliz, mesmo que lhe faltem forças para a superação das dificuldades do mundo. Lembre-se sempre de que não há ninguém que não possa superar um problema. Talvez ele seja menor do que você pensa. Evoque seu merecimento e direito de ser feliz.

A felicidade, fruto da paz interior, é o grande objetivo do ser humano na sua jornada ao encontro com o Criador. Além dela, o ser humano deverá encontrar sua designação pessoal.

Deixe-se invadir pela onda de felicidade que porventura se instale em você. Prolongue ao máximo os momentos em que a felicidade chega, pois ela está sempre à procura de quem a queira. Tudo acontece de acordo com seu modo de pensar e conceber a vida. Deus não nos reservaria nada que não contribuísse para nossa felicidade.

Sendo feliz, faça a felicidade de alguém, principalmente daqueles que não encontram motivos para sê-lo. Se você não é feliz, observe como existem pessoas que também não são. Auxilie-as.

A felicidade deve existir no coração, para que se transfira ao mundo externo nas ações de quem a sente. A felicidade deve ser vivida, expressada e compartilhada.

Proporcione felicidade à sua volta, a fim de que ela contagie aqueles que convivem com você. Todos merecem sua alegria e seu prazer de viver.

Todas as vezes que você se sentir triste, a caminho da depressão, lembre-se da luz da felicidade, cuja chama nunca se apaga dentro de seu coração. Ela está disponível desde que você aprenda e tenha coragem de encarar com determinação o que o contraria.

Quando a felicidade se apresentar externamente, deverá ser complementada com o crescimento interior. Ser feliz começa com algo interno.

Amplie os momentos felizes de sua vida, convidando cada vez mais pessoas a deles participar. Nós somos Espíritos imortais, individualidades singulares, porém, evoluímos em conjunto.

Felicidade sem culpa

A felicidade deve ser conquistada sem as culpas que a sociedade impõe ao ser humano. Os equívocos, que porventura se cometeu, devem ser creditados à ignorância. Liberte-se da culpa, adotando a felicidade em ser uma nova pessoa e em aprender a não mais agir equivocadamente como antes.

Felicidade e doença

Mesmo na doença, a felicidade é o maior fator de cura e compreensão dos males que afligem o ser humano. Pense sempre em ser feliz, independentemente do momento, mesmo quando lhe faltarem forças físicas. A vida do Espírito é mais do que a do corpo em que se expressa.

Felicidade e prazer

O prazer só traz a verdadeira felicidade quando é compartilhado coletivamente. Compartilhe sua felicidade no grupo do qual faz parte, contribuindo para o crescimento de todos.

Felicidade como estado íntimo

Quanto mais feliz, mais o ser humano realiza o que existe de íntimo e profundo em si mesmo. Na felicidade, o ser humano alcança Deus.

FORÇA

"Sou o grande médico das almas, e venho vos trazer o remédio que as deve curar; os fracos, os sofredores e os doentes são meus filhos prediletos, e venho salvá-los. Vinde, pois, a mim, todos vós que sofreis e que estais sobrecarregados, e sereis aliviados e consolados; não procureis alhures a força e a consolação, porque o mundo não as pode dar. {..}".

"O Evangelho Segundo o Espiritismo", Allan Kardec. Capítulo VI, Item 7, Boa Nova Editora.

Ter força é ser consistente em suas atitudes, agindo com determinação e poder de decisão em todos os momentos da vida. Somos movidos por uma força oriunda do Criador, que sempre nos coloca em condições de atuar no mundo.

Uma das forças que podemos utilizar é a capacidade interior de realização, principalmente quando a vida requisitar coragem e determinação para mudar. Nunca se esqueça de que sua força interior é permanente e inesgotável.

Há em todo ser humano, portanto, em você, um poder interno de agir no mundo, independentemente da circunstância em que se encontre, pois haverá sempre algo que possa ser feito a seu favor. É aquele poder, inalienável, que transforma, modifica e constrói uma realidade melhor para você.

Sua força interior é uma condição singular de resiliência que torna sempre possível agir, mesmo que você se sinta incapaz. Sua força vem de Deus, por isso é inesgotável e constante. Ela o torna co-criador, contribuindo para a continuidade da obra de Deus. Nessa condição, suas potencialidades se transformam em grandes possibilidades de realização, manifestando a Inteligência Suprema em seus atos.

A força interior é a energia que permite suas realizações, sendo que a mais importante é o encontro consigo mesmo. Quando você se encontrar com sua verdadeira essência, estará apto ao conhecimento mais profundo a respeito de Deus.

Sua força interior é o impulso divino que o impele à vida e que faz com que você alcance a Designação Pessoal. É esse impulso natural que permite o acontecimento da vida e de tudo que o ser humano é capaz de realizar.

A força não está na aparência, na idade nem no que você possui de material. Ela é inerente ao seu ser e não surge quando você se sente superior ao outro, mas quando você se coloca como filho de Deus, como qualquer outra pessoa.

Força na tristeza

Quando a tristeza se abater sobre você, tentando levá-lo à depressão, lembre-se de sua força interior, pois ela o colocará de volta em seu rumo, com disposição natural de viver. A depressão é falta de coragem de enfrentar os desafios e os conflitos que a vida nos oferece. Utilize sua força interior para evitar a depressão e para viver a vida de forma positiva.

Força na timidez

Evite que a neurose de ter um desempenho perfeito assuma o controle de sua disposição natural de viver. É melhor ser você mesmo, sem altos níveis de *performance*. Apresente-se sem medo de errar. Utilize sua força interior para vencer o *complexo de perfeição*.

Amor e força

O amor é a grande força que impulsiona o Universo. Viver com amor, buscando sentir sua força propulsora é o ideal de todo ser humano. Viva consciente de que o amor, ao ser sentido, vence todos os obstáculos que se apresentam em seu caminho.

Deus e força

Pense em Deus como amor e a força que nos impulsionam. Não pense que Deus pune, destrói ou usa o poder para oprimir ou castigar os seres humanos. Tanto quanto você, Deus utiliza Sua força a serviço da vida e do ser humano.

FRANQUEZA

"{..} Quando perdoardes aos vossos irmãos, não vos contenteis em estender o véu do esquecimento sobre as suas faltas; esse véu, frequentemente, é bem transparente aos vossos olhos; levai-lhes o amor ao mesmo tempo que o perdão; fazei por eles o que pediríeis ao vosso Pai celeste fazer por vós. Substituí a cólera que mancha pelo amor que purifica. Pregai pelo exemplo essa caridade ativa, infatigável, que Jesus vos ensinou; pregai como ele próprio o fez enquanto viveu sobre a Terra, visível aos olhos do corpo, e como a prega ainda, sem cessar, desde que não é mais visível senão aos olhos do Espírito. {..}."

"O Evangelho Segundo o Espiritismo", Allan Kardec. Capítulo X, Item 17, Boa Nova Editora.

É a transparência nas atitudes, adquirida no contato com o próprio coração, que sabe compreender as motivações dos outros, respeitando-as. Não se confunde com insensibilidade, pois sabe o momento adequado de colocar os termos.

Ao falar com as pessoas, procure utilizar as palavras da melhor forma possível, para que não haja dúvidas quanto às suas intenções. Seja franco, mas não seja ferino.

Seja sincero em sua comunicação com as pessoas para que elas lhe possam ver o coração. A franqueza deve nascer do coração e não dos instintos, principalmente da raiva e do *complexo de inferioridade* inconsciente.

Evite camuflar suas palavras quando necessitar da sinceridade para com alguém. Suas palavras ecoam no mundo íntimo de quem as ouve e provocam consequências imprevisíveis. Cuide para que elas se transformem em energia amorosa.

Evite ferir, sob o argumento de dizer a verdade. A verdade varia para cada pessoa e de tempos em tempos. Melhor é ser sincero, adequando e dosando o que se diz, de acordo com o nível de evolução do outro.

Ao romper uma relação, evite usar palavras depreciativas, pois sua medida se fundamenta apenas em você mesmo. Seja franco, mas não seja injusto e nem tente desqualificar o outro. Sua fala deve conter respeito e desejo sincero de manter a paz entre pessoas que decidiram não mais viver juntas.

Use da franqueza no trato com os amigos, quando lhe pedirem o que você não quer ou não pode dar, ofereça-lhes, porém, uma alternativa de ajuda. Muitas vezes, uma palavra amiga vale mais do que a realização de um pedido, por mais legítimo que seja.

Não despreze a franqueza alheia, pois ela significa um retorno às suas atitudes perante a vida. Aproveite o que lhe dizem com franqueza para meditar em sua própria realidade como pessoa.

Seja franco para consigo mesmo, a fim de não se enganar

sobre as próprias emoções. Nem sempre o que pensamos está de acordo com o coração.

Desenvolva o hábito de falar o que pensa, educando a mente para a palavra bem colocada e a serviço do bem-estar pessoal e coletivo.

Franqueza nas relações amorosas

Ao iniciar uma relação estável, procure ser o mais transparente possível quanto aos seus sentimentos, a fim de que a outra pessoa se sinta segura. A franqueza vai lhe garantir autonomia de decisões.

Franqueza nos negócios

Procure deixar suas relações comerciais bem claras, a fim de evitar mal-entendidos. Não permita que nada fique subentendido, mesmo que haja confiança em seus parceiros de negócios. A franqueza lhe permitirá mais segurança e evitará surpresas futuras.

Franqueza sem culpa

Seja franco sem ferir, cuidando do bem-estar do outro. A franqueza esclarece dúvidas e destrói mágoas, que poderiam permitir a instalação de agressões e culpas.

Franqueza consigo mesmo

Seja franco consigo mesmo para evitar enganar-se, utilizando-se de mecanismos de defesas inconscientes. Seja amoroso, mas também não se esqueça da consciência de suas obrigações e responsabilidades.

FRATERNIDADE

"{..} Deus, cujas leis são soberanamente sábias, nada faz de inútil. Pela reencarnação sobre o mesmo globo, quis que os mesmos Espíritos, encontrando-se novamente em contato, tivessem ocasião de reparar os seus erros recíprocos; pelo fato das suas relações anteriores, ele quis, por outro lado, assentar os laços de família sobre uma base espiritual, e apoiar sobre uma lei da Natureza os princípios de solidariedade, de fraternidade e de igualdade".

"O Evangelho Segundo o Espiritismo", Allan Kardec. Capítulo IV, Item 26, Boa Nova Editora.

Fraternidade é a função que nos irmana e nos permite enxergar o outro com a nós mesmos. É o encontro que estabelece uma conexão pelo coração. É a possibilidade única de se estabelecer a paz entre as pessoas.

Seja fraterno para que a vida sorria para você e possa lhe trazer esperança. É na fraternidade que encontramos meios de superação dos desafios que sozinhos não conseguiríamos suplantar.

Quanto mais buscarmos o outro, objetivando o fortalecimento da amizade, favoreceremos a eliminação da agressividade. A fraternidade favorece o entendimento e a paz entre os seres humanos.

A fraternidade une as pessoas pelos fios invisíveis do sentimento de amor. Além das relações exteriores que estabelecemos, existem conexões invisíveis que alimentam a alma. Quando o desejo é de fraternidade, a alma se alimenta da energia doada pelo outro.

Sobretudo com aqueles que endureceram o coração, use a fraternidade como instrumento de união. Para um coração enrijecido, vale uma boa dose de fraternidade: ela irá desamarrá-lo da opressão em que vive.

Faça da fraternidade sua bandeira no convívio social, pois ninguém sobrevive sem o auxílio de outrem. A fraternidade reduz as barreiras, elimina as distâncias e aproxima as criaturas como filhas de Deus.

A humanidade é uma das colônias de Deus, na qual todos se irmanam pela fraternidade. Somos unidos pelo mesmo ideal de fraternidade em face do amor de Deus.

Em cada ser humano brilha uma luz no mais alto de sua consciência. Ali, Deus deixou Sua marca, a fim de que nunca esqueçamos nossa divina filiação.

A diversidade de culturas na humanidade reflete o rico mosaico de que se constitui a natureza humana. A fraternidade rompe as barreiras naturalmente existentes.

Em cada dia de sua vida, use da fraternidade como instrumento de aproximação das pessoas que diferem de você.

Cultive a fraternidade, a cada momento, com quem você encontrar, não permitindo que a antipatia ou a indiferença encontrem abrigo em suas atitudes. Mesmo que se reencontre com algum desafeto, desta ou de outra vida, aja naturalmente, sentindo-se irmão em humanidade.

Fraternidade no trabalho

Sempre que a disputa por um lugar de destaque surgir em sua vida profissional, lembre-se de que o outro é um irmão em Deus e que tem o mesmo direito que você.

Fraternidade nas competições da vida

Todas as vezes que a vida o colocar em confronto com alguém, acredite que o outro também tem direito de alcançar sucesso. Vencerá sempre aquele que reunir elementos que sirvam aos propósitos superiores de Deus.

Fraternidade em condomínio

Os que moram no mesmo condomínio ou conjunto de habitações que você, devem ser considerados semelhantes. O convívio de desiguais revela a necessidade de aprendermos uns com os outros.

Fraternidade e amor

Seja sempre fraterno, a fim de que o amor brote em seu coração como uma semente que prenuncia a grande árvore. Multiplique as bênçãos fraternas para todos à sua volta. Não espere recompensas ou gratidão pela fraternidade que distribui. Deus é nosso criador e nos observa.

GRATIDÃO

"O mandamento: 'Honrai vosso pai e vossa mãe' é uma consequência da lei geral de caridade e do amor ao próximo, porque não se pode amar seu próximo sem amar seu pai e sua mãe; mas a palavra 'honrai' encerra um dever a mais a seu respeito: o da piedade filial. Deus quis mostrar, com isso, que ao amor é preciso acrescentar o respeito, as atenções, a submissão e a condescendência, o que implica a obrigação de cumprir para com eles, de um modo mais rigoroso ainda, tudo o que a caridade manda para com o próximo. Esse dever se estende naturalmente às pessoas que estão no lugar de pai e de mãe, e que têm tanto mais mérito quanto seu devotamento é menos obrigatório. {..}".

"O Evangelho Segundo o Espiritismo", Allan Kardec. Capítulo XIV, Item 3, Boa Nova Editora.

É a função que nos permite enxergar o outro como benfeitor e como alguém a quem admiramos pela amorosidade do coração. Estado no qual o próprio coração reconhece a grandeza de alguém.

Seja sempre grato aos outros por qualquer ação que resultou em seu benefício, mesmo que a pessoa não tenha tido aquela intenção. Seu coração, quando inundado de gratidão, proporciona um estado de felicidade.

Seja grato aos seus pais, mesmo que eles não tenham correspondido às suas expectativas. Eles lhe ofereceram o corpo e a oportunidade de renascer. A gratidão é uma forma de honrar e de respeitar aqueles que cumpriram sua jornada antes de nós.

Seja grato à vida pelo que dela recebe, mesmo que seja pouco e que não lhe atenda as necessidades. A vida sempre nos oferece o que dela precisamos na medida de nossa evolução.

Seja grato a Deus pela sua existência e pelas oportunidades de crescimento. Mesmo que Deus não precise de sua gratidão, ela lhe trará disposição de ser grato aos outros.

Gratifique-se pelo que faz aos outros e pela busca constante do próprio aperfeiçoamento. Não espere recompensa de ninguém.

Considere sempre que, em algum lugar, alguém se sensibilizou por um ato seu e, por esse motivo, será grato a você. Tente sentir que existem pessoas que emitem boas vibrações para seu coração.

Aprenda a absorver as energias que emanam das pessoas em sua direção, sempre que você for grato a elas. Existem pessoas com quem simpatizamos, e essa condição permite a emissão de bons fluidos em sua direção.

Desenvolva o hábito de dizer obrigado, todas as vezes que lhe derem algo. Quando for pertinente, diga obrigado ao se despedir das pessoas. Essa atitude promove o sentimento de irmandade e fraternidade.

Agradeça o mais rápido possível aqueles que convivem com você. Eles lhe oferecem, às vezes sem querer, diariamente lições preciosas para seu crescimento.

Adquira o hábito de orar em favor das pessoas, mesmo que nada tenham feito. A prece em favor de alguém é crédito para sempre. Seja grato pela oração que alguém lhe dirija, pois são bênçãos em seu favor.

Gratidão para com os pais

Seja grato aos seus pais, pois você não sabe os esforços e sacrifícios que foram feitos para que você nascesse e também desconhece os vínculos pretéritos entre vocês. Por mais difícil que possa ter sido, seja sempre grato.

Gratidão para com a Natureza

Aprenda a preservar a Natureza nos mínimos atos, pois ela fornece o pão com o qual você se alimenta e o ar que respira. Como você, bilhões de seres dela dependem. A Natureza é mãe de todas as possibilidades de atendimento às necessidades humanas.

Gratidão para com seu empregador

Seja grato àquele que o emprega, por mais que ele seja

injusto, pois acolheu você quando precisava, mesmo que com objetivos pessoais. Evite enquadrá-lo no estereótipo de patrão que deseja apenas o lucro. Veja-o como irmão do caminho, que luta pela sua realização.

Gratidão sempre

Seja grato para com a Vida, independentemente das circunstâncias adversas em que porventura você esteja. Seu passado lhe deu o que merece hoje. Trabalhe com gratidão para que seu futuro lhe traga felicidade.

HARMONIA

"{..} O egoísmo é a negação da caridade; ora, sem a caridade não haverá tranquilidade na sociedade; digo mais, nem segurança; com o egoísmo e o orgulho, que se dão a mão, haverá sempre um caminho para o mais sagaz, uma luta de interesses onde são pisoteadas as mais santas afeições, onde os laços sagrados da família não são respeitados". (Pascal, Sens, 1862).

"O Evangelho Segundo o Espiritismo", Allan Kardec. Capítulo XI, Item 12, Boa Nova Editora.

É o equilíbrio entre o mundo interno e o externo, a serviço da felicidade pessoal e coletiva. Estar em harmonia é estar em consonância com o Universo, vibrando na faixa do bem, da paz e do amor.

Harmonize sua vida, dedicando-se aos vários campos nos quais se estrutura, para que tudo possa correr de acordo com propósitos superiores. Evite negligenciar seu mundo interior, buscando harmonizar seus anseios.

Não se deixe dominar pela pressa nem tampouco se escravize ao tempo. Siga calmamente o destino com a consciência de que só você poderá modificá-lo. A harmonia é fundamental para estabelecer o ritmo adequado aos seus propósitos.

Harmonize as energias do corpo cuidando de seu funcionamento sem exageros. Equilibre sua mente a fim de que ela não prejudique inconscientemente o fluxo das energias corporais. Seja moderado nas coisas para que os exageros não prejudiquem a precisão que deseja em suas ações.

Harmonize seu mundo interior para que o exterior seja sua continuação. Tente viver o que sente, realizando externamente o que dita seu mundo interior. Somos Espíritos imortais e temos uma vida inconsciente bem maior do que a consciente, exigindo conciliação.

Reconcilie-se com seus adversários declarados, ou não, para que não receba energias deletérias. Harmonizar-se com eles, ao menos mentalmente, é fator de equilíbrio psíquico. Não queira ninguém dependendo de seu perdão, assim como dispense qualquer necessidade de perdoar alguém.

Esteja sempre em paz com sua consciência, administrando as culpas e consequências de seus atos. Quando nos responsabilizamos de forma madura pelos nossos atos, não mais nos tornamos reféns de ninguém.

Contribua para que as pessoas à sua volta encontrem momentos de harmonia, evitando causar discórdia ou tensões desnecessárias. Seja um farol que ilumina, promovendo harmonia à sua volta.

Alimente nas pessoas o desejo de que a harmonia se

torne realidade em suas vidas. Demonstre, através de seus atos e palavras, a harmonia que reina em seu mundo interior.

Quando você estiver num ambiente em desarmonia, silencie e busque uma forma de alterar a vibração reinante a serviço da paz. Você pode se tornar um grande fator de mudança, se abrigar a harmonia em sua alma.

Transforme seu dia, para que você encontre oportunidade de exercitar sua paciência e fazer desabrochar a harmonia no coração de alguém.

Harmonia consigo mesmo

Aprenda a se harmonizar, aceitando sua própria *sombra*, evitando estabelecer um juízo de valor sobre a sua pessoa. Estar de bem consigo mesmo é aceitar-se como é.

Harmonia com as pessoas

Evite, o máximo possível, permitir que as pessoas se interponham em seu caminho, gerando carma negativo. Faça tudo para que elas se sintam bem com você e não as machuque. Dê paz a elas.

Harmonia com a sociedade

Cumpra suas obrigações de cidadania com ordem e disciplina. Quando for necessário, assuma as consequências em harmonia, consciente de suas responsabilidades.

Harmonia com Deus

Coloque Deus no lugar mais alto possível de sua consciência, a fim de que o amor e a paz, que Ele possibilita, sejam a tônica de sua vida. Deus é amor e sempre promove a harmonia.

HUMILDADE

"{..} A humildade é uma virtude bem esquecida entre vós; os grandes exemplos que vos foram dados são bem pouco seguidos, e, todavia, sem a humildade podeis ser caridosos para com o vosso próximo? Oh! não, porque esse sentimento nivela os homens; diz-lhes que são irmãos, que devem se entreajudarem e os conduz ao bem. Sem a humildade vos adornais de virtudes que não tendes, como se trouxésseis um vestuário para esconder as deformidades do vosso corpo. Recordai Aquele que nos salvou; recordai sua humildade que o fez tão grande, e o colocou acima de todos os profetas. {..}".

"O Evangelho Segundo o Espiritismo", Allan Kardec. Capítulo VII, Item 11, Boa Nova Editora.

A humildade é a função que nos coloca em contato com nossa máxima simplicidade e nos conscientiza de quem de fato nós somos, em relação ao nosso semelhante.

Na humildade, reconhecemos Deus como o Senhor da Vida e passamos a enxergar o próximo como Sua representação. O outro se torna tão importante como nós, para quem dirigimos respeito e fraternidade.

Compare seu orgulho com sua humildade, buscando fazer com que a qualidade supere o defeito. Sempre que o orgulho quiser falar mais alto, adote a postura de humildade, para que seu raciocínio não se turbe e sua palavra não se torne imatura.

Desenvolva o hábito de desculpar e perdoar sempre, para que sua humildade se fortaleça. Quando demonstramos nossas fraquezas e equívocos, o outro se solidariza conosco e nos acolhe.

Evite que seu orgulho e sua vaidade o ceguem. Sempre queremos superar nosso natural sentimento de inferioridade consciente, tentando diminuir o outro.

Cultive o hábito de elogiar sinceramente as pessoas, quando elas merecerem. O reconhecimento do valor alheio é demonstração de humildade.

Evite exaltar-se em suas virtudes, mesmo reconhecendo tê-las. Para o outro, você quer se sobressair e demonstrar superioridade. Seja você mesmo em sua simplicidade, pois ela é garantia de estar sempre em seu próprio lugar.

Cultive sua humildade, mas não se anule, pois sua personalidade se estrutura em cima de outras virtudes. Seja humilde sem inferiorizar-se.

Humildade não é tristeza nem timidez, portanto coloque sua alegria com simplicidade para fora. Deixe de se mostrar "humilde" sem o ser. Os outros conseguem ver quando você camufla sua vaidade e seu orgulho.

Aceite elogios com humildade, reconhecendo seu valor pessoal e os méritos daqueles que o ajudaram a chegar onde está. Quando esses elogios se tornam constantes, cuide para que não lhes tomem a consciência.

Seja modesto em suas atitudes e determinado em seus objetivos, pois humildade não é passividade. Sua humildade não deverá estar contra a realização de seus ideais.

Reconheça sempre seus equívocos, sem transferir suas causas para terceiros. Quanto mais você assumir a autoria de seu destino, mais estará preparado para enfrentar seus desafios.

Humildade na consciência

Procure entender que a humildade não está apenas no que você faz ou no que os outros aprovam, mas em como você pensa e sente a vida. Pode-se ser orgulhoso psicologicamente e humilde nas atitudes. Trabalhe sua humildade com você mesmo.

Humildade na vitória

Cuide-se para que suas vitórias não inflem seu *ego*. Muitos males advêm da falta de cuidado com a vaidade e o orgulho, que sobem sutilmente ao ponto mais alto da consciência. Continue sendo você, mesmo após o sucesso em qualquer campo de sua vida.

Humildade entre orgulhosos

Exercite sua humildade entre aqueles que são vaidosos e orgulhosos, pois com eles você tem a aprender o valor de si mesmo. Criticá-los ou imitá-los é demonstrar que a eles se assemelha. Não entre em contendas para exaltar sua vaidade ou para mostrar títulos, que nada acrescentam ao seu ser. A humildade é melhor companheira que a vaidade e o orgulho.

Humildade intelectual

Evite demonstrar cultura em ocasiões desnecessárias, pois demonstrações gratuitas de conhecimento acabam por minar sua humildade. Seja simples e humilde, pois o Espírito cresce quando entende as menores coisas da vida.

IMPARCIALIDADE

"{..} A justiça de Deus é como o Sol; ele está para todo o mundo, para o pobre como para o rico. {..}".

"O Evangelho Segundo o Espiritismo", Allan Kardec. Capítulo XXVI, Item 4, Boa Nova Editora.

Atitude que possibilita a manifestação do deus interno, em sintonia com o de outra pessoa. Reconhecimento da própria incapacidade em julgar. Ser imparcial é colocar-se no campo das amplas possibilidades do Espírito.

Aja com equilíbrio e senso de justiça, para que suas opiniões não escravizem as pessoas. Ceda em favor de uma ideia mais bem construída e melhor colocada. Lembre-se de que seus valores não são a medida de todas as coisas.

Aja conscientemente, com parcialidade, quando não lhe restar alternativa melhor. Nesse caso, procure tender para algo que exercite sua capacidade de renunciar e que proporcione harmonia e paz.

Dê a cada pessoa de acordo com a capacidade dela de receber. A igualdade no trato não dispensa a percepção do nível de evolução do outro. Muitas vezes, atender as pessoas de forma diferenciada, aparentemente injusta, é fator de harmonia, de equilíbrio e de justiça.

Lembre-se de que sua consciência tende para a parcialidade, portanto evite o extremo da justiça a qualquer preço. A neutralidade não é uma tendência universal, visto que a Natureza se dirige para o oposto ao caos.

Seja sempre favorável à inocência das pessoas, mesmo que você se engane a esse respeito. Sua falta de malícia não representa ameaça à paz que tanto busca.

Procure reconsiderar sua forma de acusar as pessoas, pois nem tudo é como pensamos e nem tampouco possuímos todos os elementos para julgar alguém. Por mais que você tenha razão, acreditando na culpabilidade de alguém, intimamente se dê o benefício da dúvida.

Desenvolva sua habilidade de discernir a respeito do que é adequado ou não, a si e aos outros, sob sua responsabilidade. Evite utilizar palavras "certo" e "errado", pois as possibilidades são adequadas às pessoas.

Por mais que você tente estabelecer o que é certo ou o que é errado, haverá sempre uma percepção maior que o encaminha à própria felicidade, de maneira muito mais favorável.

Imparcialidade com os amigos

Para manter uma amizade é fundamental que você cultive a imparcialidade, pois seus amigos de hoje poderão necessitar, amanhã, de seu conselho equilibrado e neutro. Sua amizade não deve ser maior que seu discernimento.

Imparcialidade nas escolhas

Suas escolhas devem tender para o mínimo de sofrimento a si e aos outros, e isso lhe exigirá o máximo de imparcialidade, a fim de que o desejo de obter o prazer fácil não desequilibre a vida. Muitas vezes, o caminho que parece mais prazeroso, pode se tronar futuramente o mais espinhoso.

Imparcialidade com terceiros

Suas relações com as pessoas devem ser um exercício de amor e aprendizado, para que a convivência seja harmoniosa. Quanto mais imparcial nas atitudes, mais duradouras e consistentes serão as relações. Seja amigo de todos, sabendo manter suas opiniões sem provocar litígios ou confrontos desnecessários.

Imparcialidade na vida

A vida pede sempre para diminuirmos a influência dos desejos egoístas sobre nossos pensamentos, ideias, sentimentos e atitudes. Para tanto, é necessário que a imparcialidade faça parte da base de nossas emoções.

IMPULSO

"{..} A prece é um ato de caridade, um impulso do coração; {..}".

"O Evangelho Segundo o Espiritismo", Allan Kardec. Capítulo XXVI, Item 4, Boa Nova Editora.

O Espírito naturalmente possui o impulso que o impele para a vida e para todas as realizações de seu caminhar. Tem ele a necessidade imperiosa de ascender, desenvolver-se e progredir sempre, visando encontrar-se e atender aos objetivos divinos.

É um ímpeto de alcançar patamares evolutivos mais elevados, tornando-se cada vez mais inteligente e mais complexo em suas competências e habilidades. É a energia que direciona o Espírito para vida e para sua evolução, sendo inesgotável.

Por conta desse impulso, o Espírito possui estímulos diversos para a criatividade e para alcançar a sua Designação Pessoal. Assim, adquire grande número de experiências e de capacidades, para lidar com os desafios que surgem.

Utilize sempre seu impulso criativo para sair das situações, que teimam em levá-lo para o fundo do poço. Não aceite qualquer insinuação de que você não é capaz de superar dificuldades ou de sair de situações difíceis, aparentemente insolúveis.

Incite você mesmo a prosseguir na vida, confiante em alcançar nobres objetivos e em realizar seu próprio destino, baseando-se nas potencialidades interiores e no impulso criativo de que é portador. Evoque seu impulso para a vida sempre que se encontrar em situações difíceis e em momentos adversos.

Realize seus objetivos sem medo de sofrer ou de se perder. A vida exige sacrifício a todos que ascendem conscientemente. Não temas de forma alguma nada que tente destruí-lo. Você é maior do que imagina e mais capaz do que pensa.

Deixe que o arrebatamento o tome, para que seu entusiasmo pela vida seja constante na direção do melhor para você e para todos que o cercam. Graças a esse impulso, você se apaixona e se entusiasma pelo que faz. Nunca deixe de utilizá-lo.

Cada criatura nasce com a determinação de viver. Vive e morre em cada encarnação, usando novos corpos, cada vez mais adaptados à sua evolução, porém nunca deixará de existir.

Impulso e depressão

Sempre que a depressão ameaçar aparecer em sua

consciência, lembre-se do impulso natural para a vida, de que você é portador. Não permita que seu inconsciente lhe sugue as energias disponibilizadas para a consciência proporcionar grandes realizações.

Impulso e medo

Seu impulso criativo, apresentado como energia de determinação, deve ser ativado para vencer os períodos em que o medo de viver tente lhe dominar a consciência. Valorize sua capacidade de enfrentamento. Seja forte, decidido e motivado para viver. A vida deve ser vivida com toda a determinação possível.

Impulso e solidariedade

Seja solidário para com aqueles que desconhecem ou não sabem utilizar seu impulso criativo. Utilize seu próprio exemplo como forma de superação das adversidades, para que os outros possam encontrar seu caminho.

INTELIGÊNCIA

"{..} A inteligência é rica de méritos para o futuro, mas com a condição de ser bem empregada; se todos os homens que dela são dotados, se servissem dela segundo os desígnios de Deus, a tarefa dos Espíritos seria fácil para fazer a Humanidade avançar; infelizmente, muitos fazem dela um instrumento de orgulho e de perdição para si mesmos. O homem abusa da sua inteligência como de todas as outras faculdades e, entretanto, não lhe faltam lições para o advertir de que uma poderosa mão pode lhe retirar aquilo que ela mesma lhe deu. {..}".

"O Evangelho Segundo o Espiritismo", Allan Kardec. Capítulo VII, Item 13, Boa Nova Editora.

Característica singular do Espírito; constitui-se daquilo que o diferencia da matéria. Desdobra-se em múltiplas faces para o enriquecimento do aprendizado do Espírito. A inteligência é a competência para adquirir conhecimentos e conquistar habilidades para lidar com a realidade.

Com a inteligência, em sua caminhada evolutiva, o Espírito adquire sabedoria, que o capacita a alcançar novas dimensões espirituais. Ela tem múltiplas modalidades, a fim de atender aos diversos desafios nas escolhas e no aprendizado do Espírito.

A inteligência se apresenta como destreza e habilidade para executar tarefas complexas de difícil realização. Graças à inteligência, o ser humano constrói máquinas, que o substituem em tarefas, liberando-o para aquisições superiores.

A inteligência humana, diferente da dos animais, permite ao ser humano modificar o meio de diferentes maneiras, de formas criativas, sempre aprimorando os resultados. Sua habilidade lhe permite dominar tudo que há sobre a Terra, além de conquistar o cosmos que o rodeia.

É a inteligência que permite ao ser humano ter a lucidez, para perceber a subjetividade em suas experiências relacionais. Utilizando-a, ele imagina, cria, prevê e se protege de diferentes maneiras, visando o bem-estar pessoal e coletivo. Sua inteligência lhe permite construir cenários cada vez mais complexos para o desenvolvimento de novas e importantes habilidades.

Use sua inteligência com sabedoria para criar cenários psíquicos, que lhe tragam felicidade, bem-estar e permitam-lhe alcançar o conhecimento de si mesmo. Sua mente é seu universo e ela é suscetível à sua inteligência, para que o Espírito cada vez mais se aprimore.

Aliando inteligência a amorosidade, o ser humano se aproxima cada vez mais da Consciência Divina, o que lhe permitirá elevar-se além da Terra, antevendo seu maravilhoso destino. A inteligência é a faculdade superior do Espírito, que o capacita à conquista da sabedoria e do amor.

A inteligência é fruto dos instintos, que foram aprimorados ao longo do processo evolutivo. Graças a eles, o ser humano possui as habilidades, que lhe permitem utilizar a inteligência e conceber a existência de Deus.

Inteligência e amor

Quando o ser humano utiliza sua capacidade de amar com inteligência, experimenta diferentes formas prazerosas de viver no mundo e de proporcionar a felicidade aos seus pares. O amor, aliado à inteligência, produz as mais diversas e maravilhosas obras do ser humano. Grandes mestres e gênios da humanidade souberam aliar o amor à inteligência para a melhoria da vida na Terra.

Inteligência e poder

Quando o ser humano aliar sua inteligência ao exercício maduro do poder, saberá respeitar a Natureza, proporcionando equilíbrio e harmonia ao meio ambiente. O poder – exercido sem inteligência e amor – transforma-se em arma de dominação das consciências humanas, provocando atraso a todos.

Inteligência e instinto

Com o uso, os instintos humanos alcançaram a condição de instância psíquica, proporcionando os automatismos que lhe asseguram o desenvolvimento de habilidades emocionais superiores. Não desprezar os instintos, permite que o ser humano respeite sua condição de filho da terra.

JUSTIÇA

"{..} Agora, meus amados, a morte desapareceu para dar lugar ao anjo radioso que conheceis, o anjo do reencontro e da reunião! Agora, vós que haveis bem cumpristes a tarefa imposta pelo Criador, nada mais tendes a temer da Sua justiça, porque Ele é pai e perdoa sempre Seus filhos transviados que clamam misericórdia. Continuai, pois, avançai sem cessar; que vossa divisa seja a do progresso, do progresso contínuo em todas as coisas, até que chegueis, enfim, a esse termo feliz onde vos esperam todos aqueles que vos precederam". (Louis, Bordeaux, 1861).

"O Evangelho Segundo o Espiritismo", Allan Kardec. Capítulo XXI, Item 8, Boa Nova Editora.

A justiça é a função que permite ao Espírito praticar o direito e vivenciar a liberdade com equidade e com harmonia. Graças à justiça, ele consegue equilibrar as naturais tensões sociais.

Aplicar a justiça é exercer a Misericórdia Divina em favor de alguém, visando seu crescimento pessoal. Quando somos justos, exercemos a função de Deus na análise do comportamento humano.

Utilize o mínimo possível sua justiça, quando ela trouxer consequências desagradáveis às pessoas. Peça sempre uma opinião alheia para a tomada de decisão, que implique em estabelecer algum tipo de justiça.

Quando você tiver que julgar algum processo, para o qual tenha que utilizar exaustivamente seu bom senso e sua razão, não se esqueça de dar lugar às opiniões do coração.

Verifique em que se baseia seu senso de justiça, buscando aprimorá-lo para que contemple uma visão evolutiva do Espírito.

Busque transcender o senso de justiça de seu meio, a fim de que você evolua. Seja sua justiça melhor e contribua para a evolução da sociedade.

Evite basear-se na causa e efeito para exercer seu senso de justiça, pois com a mesma rigidez com que você percebe a Vida, esta lhe trará de retorno o que ofereceu.

Sua justiça não deve se igualar à daqueles cujas atitudes você condena, pois assim você se assemelha a eles e não alcançará a superação do conflito existente.

Introduza em seu senso de justiça o fator misericórdia, para que ela ultrapasse a frieza da razão. Lembre-se de que o mundo íntimo é regulado por fatores emocionais.

Confie na existência da Justiça Divina, que é melhor do que a sua e evite fazê-la instrumento de seus desejos inferiores. Não se esqueça de que Deus sabe o que é melhor para você e para o ser humano em geral.

Justiça com a família

Cuide para que seu senso de justiça no trato com seus entes queridos não ultrapasse a amorosidade. Preocupe-se para que sua justiça não seja mais rígida que a de Deus, que a todos criou e acolhe. Melhor que ser justo é ser misericordioso.

Justiça na religião

Evite utilizar-se dos preceitos religiosos, que você adota, para fazer prevalecer uma justiça rígida e cruel. A religião é instrumento de libertação e não deve ser introdutora de culpa ou sofrimento àquele que se encontra em equívoco. Se a religião condena, não contribui para libertar.

Justiça no sofrimento

Diante do sofrimento de alguém, ou do próprio, busque entender que a justiça de Deus se utiliza do instrumento de acordo com a nossa capacidade de suportá-lo. Sempre que possível, elimine todo sofrimento, considerando que a Justiça Divina espera por você para seu desfecho feliz.

Justiça na sociedade

Sua justiça deverá ser sempre aquela que utiliza o amor para acontecer. Os instrumentos que diferem do exercício do amor devem ser evitados, em face do desconhecimento das reais causas geradoras dos fatos. A melhor justiça é a que educa e liberta, principalmente quando o amor estiver presente em seu exercício.

LEVEZA

"{..} O Espiritismo lhe mostra a causa nas existências anteriores e na destinação da Terra, onde o homem expia seu passado; mostra-lhe o objetivo naquilo em que os sofrimentos são como crises salutares que conduzem à cura e são a depuração que assegura a felicidade nas existências futuras. O homem compreende que mereceu sofrer e acha o sofrimento justo; sabe que esse sofrimento ajuda o seu progresso, e o aceita sem lamentar, como o obreiro aceita o trabalho que deve lhe valer seu salário. O Espiritismo lhe dá uma fé inabalável no futuro, e a dúvida pungente não mais se abate sobre sua alma; fazendo-o ver as coisas do alto, a importância das vicissitudes terrestres se perde no vasto e esplêndido horizonte que ele abrange, e a perspectiva da felicidade que o espera lhe dá a paciência, a resignação e a coragem de ir até o fim do caminho. {..}".

"O Evangelho Segundo o Espiritismo", Allan Kardec. Capítulo VI, Item 4, Boa Nova Editora.

A leveza é a harmonia de viver de forma suave, equilibrada e tranquila, fazendo da vida um grande momento de amor e de paz. Uma pessoa leve é alguém que aprendeu a se movimentar de maneira agradável, prazerosa e equilibrada.

Qualidade especial e útil para viver em harmonia interior, a leveza proporciona para si e para os outros uma sensação de encontro interior com o Divino, que a tudo permeia.

Ter leveza é perceber a vida com simplicidade, sem superficialidade, agindo de forma equilibrada e com entendimento profundo a respeito dos processos que se vive. É de fato saber viver, sem afetação e sem complicar a própria vida nem a de ninguém.

Ter leveza é não ser trágico, é não ampliar a gravidade das coisas e nem tornar os processos mais difíceis do que são, é não ser uma pessoa densa, hermética nem enigmática. É saber colocar profundidade quando necessário.

A leveza leva o Espírito a ter uma visão compreensiva da vida, no que diz respeito aos sofrimentos, dificuldades e adversidades humanas. A leveza torna a pessoa dotada de natural compaixão e de solidariedade atuante em favor de seu semelhante.

Quando se age com leveza alcança-se uma percepção de totalidade, associando o máximo de informações para a criação de cenários mentais ricos e amplos. Isso proporciona maior grau de complexidade na análise das circunstâncias da vida, abrindo-se um amplo repertório de possibilidades de ação e escolhas cada vez mais simples. A leveza suaviza a vida, tornando-a mais prazerosa.

A leveza leva o Espírito a atuar com paciência, tranquilidade e paz interior. Em volta de quem atua com leveza, forma-se uma aura de confiança e de segurança, necessária principalmente para os momentos mais difíceis da vida.

A leveza é a sintonia com o fluxo do Criador, que permite a consecução de objetivos de forma consequente, criativa, flexível, assertiva e amorosa. Ser leve é ser amoroso com todos e com tudo.

Leveza com os equívocos alheios

No trato com o semelhante, antes de qualquer julgamento ou condenação, observe seus próprios equívocos, para que não os projete na conduta do outro. Ser leve é compreender o mal que não lhe pertence, por ter percebido o seu próprio, além de não adotar a postura de quem está sempre apontando o outro.

Leveza nos momentos graves

Nos momentos de gravidade, quando as situações indicarem a necessidade de extrema seriedade e cuidado, utilize-se da leveza para que sua mente atue de forma equilibrada e sintonizada com as Forças Superiores da Natureza.

Leveza e religião

Sua religião deve ser facilitadora ao entendimento dos processos da vida. Não permita que seus conceitos nobres sejam utilizados para tornar a vida difícil, problemática e condenatória. Religião deve ser sinônimo de amor e de paz.

LIBERDADE

"{..} *Sabei, pois, que a verdadeira liberdade está na libertação dos laços do corpo, e que enquanto estiverdes sobre a Terra, estais em cativeiro.* {..}".

"O Evangelho Segundo o Espiritismo", Allan Kardec. Capítulo V, Item 22, Boa Nova Editora.

Atributo essencial do Espírito desde sua criação. Conceito necessariamente atrelado ao de responsabilidade pessoal pelos atos. É a faculdade primeira do Espírito e a mais amplamente desejosa de ser exercida por todos. É um direito inalienável, que deve ser assegurado ao ser humano. Todos devem ter o amplo direito de justificar sua liberdade.

Cultive sua liberdade como se fosse uma semente, pois ela vai florescer e o alimentará no futuro. Assim como você deseja ser livre, trabalhe para que todos tenham o mesmo direito e possam exercer sua liberdade.

Administre sua liberdade fazendo as coisas de tal forma que não interfiram no direito alheio. Direito tem quem é correto e respeita o direito alheio.

Sua liberdade deve ter o tamanho de sua responsabilidade, pois ambas se completam e, quando exercidas adequadamente, evitam sofrimentos futuros. Quanto mais você for responsável, mais será livre.

Seja livre para tomar decisões, mas submeta-se pacientemente às consequências advindas. Não tema o resultante do exercício de sua liberdade, pois, sendo maduro, saberá suportá-lo.

Aprenda a transgredir normas, de tal forma que sua atitude não cause dano a qualquer pessoa nem tampouco a você. Transgressão é sinal de inteligência.

Livre-se de vícios, que escravizam e não resolvem seus problemas. Eles cristalizam sua vida, aprisionando seu psiquismo num prazer inconsequente. No lugar deles coloque sua liberdade de escolher algo melhor para você.

Liberte-se de relações que o levam a sentir-se inferior. Assuma o comando de sua própria vida sem submeter-se a ninguém. Seja livre para amar e para construir relações saudáveis.

Dê asas à sua criatividade e faça coisas diferentes na vida e que concorram para sua felicidade e para a dos seus. Sempre que pensar na felicidade, lembre-se de que a liberdade deve ser vivida de forma madura e responsável.

Liberdade não deve ser vivida com ansiedade, pois esta antecipa o tempo desnecessariamente. Siga com calma as horas do dia como se a eternidade lhe pertencesse. Nem pressa, nem inércia, mas fluxo livre para viver uma vida saudável e harmoniosa.

Procure não restringir a liberdade alheia, pois seu ato limita suas escolhas futuras. A liberdade do outro é bem precioso que você deve prezar. Cercear a liberdade de alguém é motivo de prisão de quem o faz.

Exerça sua liberdade com amor e com bom senso, pois ambos contribuem para seu bem-estar psíquico e social. Ser livre é ser capaz de amar sem exigências ao outro.

Liberdade de equivocar-se

Não se cobre tanto, porque sua evolução está começando, e você ainda viverá muitas experiências, que o capacitarão a entender a melhor forma de apreender as leis de Deus. Não seja tão rígido com você ou com os outros. Experimente de forma madura a liberdade que lhe foi dada naturalmente.

Liberdade sem culpa

Exerça sua liberdade de fazer o que deseja, sem se prejudicar, respeitando o direito dos outros, sem a culpa de estar contrariando regras ou normas ultrapassadas e que não promovem o crescimento do ser humano. Faça isso com responsabilidade.

Liberdade sem dinheiro

Não dependa de dinheiro para exercer sua liberdade, pois ela é um estado de espírito e se processa em seu mundo interno. Seja livre tendo ou não dinheiro e não se escravize em sua busca.

Liberdade e amor

Ame e deixe a pessoa amada livre para fazer suas escolhas de amá-lo ou não. Quem ama, permite a liberdade da pessoa amada.

LUMINOSIDADE

"A lei do Antigo Testamento está personificada em Moisés; a do Novo Testamento está no Cristo; o Espiritismo é a terceira revelação da lei de Deus, mas não está personificada em nenhum indivíduo, porque ele é o produto do ensino dado, não por um homem, mas pelos Espíritos, que são as vozes do céu, sobre todos os pontos da Terra, e de por uma multidão inumerável de intermediários; é, de alguma sorte, um ser coletivo, compreendendo o conjunto dos seres do mundo espiritual, vindo cada um trazer aos homens o tributo de suas luzes para conhecer esse mundo e a sorte que nele os espera."

"O Evangelho Segundo o Espiritismo", Allan Kardec. Capítulo I, Item 6, Boa Nova Editora.

A luminosidade vem da expressão íntima do Espírito, que libera a energia do Criador. A luz é a expressão primeira da vida, cuja natureza dual representa a paradoxal impossibilidade de ser aprisionada.

O Espírito desenvolve-se e caminha na direção da luz, que significa a clareza da consciência de si, para finalmente entender o Criador. Ter luminosidade é expandir a consciência para além de si mesmo, interagindo com a realidade, absorvendo a resultante das experiências e construindo o saber. Quanto mais o Espírito integrar a resultante de suas experiências, mais sabedoria terá e mais luminosidade apresentará.

A luminosidade do Espírito é natural expressão de sua essência que, invariavelmente, pulsa em si mesmo. Conscientizar-se da própria luminosidade, sem vaidade ou orgulho, deve levar o Espírito a irradiar sua frequência vibratória.

Cada Espírito possui sua singular luminosidade, que é a representação típica de sua sabedoria e de sua elevação. Ampliá-la decorre do bem que se faz e da forma como se promove o desenvolvimento da própria personalidade e da sociedade em que se situa.

A luz que o Espírito irradia à sua volta é uma emanação da chama viva do Criador na criatura. Seu lume inunda a realidade numa demonstração viva do amor do Criador. O Universo, com a luz que vence as trevas, mostra a grandeza de Deus para que a criatura humana busque-O incessantemente.

A luminosidade é energia divina, que pode ser transformada em fator de cura quando a compaixão for evocada em favor de alguém. Sempre que o ser humano aciona o desejo de ajudar alguém, mobiliza sua energia amorosa em forma de luz na direção daquele que necessita de auxílio.

Basta uma pequena luz para eliminar a imensidão de trevas no entorno. A criatura humana é a luz de Deus no Universo, pois tudo que existe é para que se alcance os desígnios propostos.

Luminosidade e doença

Não deixe de refletir sobre o valor da vida, atraindo para si a luz do Criador na forma de claridade, para que sua consciência se amplie e apresente novos horizontes evolutivos. Na doença de alguém, irradie sua luz para que a cura aconteça.

Luminosidade e amor

Ame sempre, sem permitir que a indiferença faça parte de seu repertório de comportamentos. Imagine que seu amor é um feixe luminoso de energia na direção da pessoa amada. O amor traz claridade e luminosidade para aquele que ama.

Luminosidade e escuridão

Afaste definitivamente a escuridão, para que sua vida se transforme num sol luminoso a irradiar o amor de Deus para sempre. Você é luz e para a luz foi criado. Ilumine seus caminhos com o amor que possa oferecer.

MATERNIDADE

{..} *"Não rejeiteis, pois, a criança de berço que repele sua mãe, nem aquele que vos paga com ingratidão; não foi o acaso que o fez assim e que vos o deu. Uma intuição imperfeita do passado se revela e, daí julgais se um ou outro já muito odiou ou foi muito ofendido; que um ou outro veio para perdoar ou para expiar. Mães, abraçai, pois, o filho que vos causa desgosto e dizei-vos: Um de nós dois foi culpado. Merecei as alegrias divinas que Deus atribui à maternidade, ensinando a essa criança que ela está sobre a Terra para se aperfeiçoar, amar e bendizer. {..}".*

"O Evangelho Segundo o Espiritismo", Allan Kardec. Capítulo XIV, Item 9, Boa Nova Editora.

A maternidade é o cuidado e a nutrição inerentes a cada criatura humana, permitindo-lhe que atue na dimensão do amor divino. É sua capacidade de realizar-se na mais nobre função. Quem conscientemente usa sua maternidade, proporciona o sentimento de amor de Deus a quem a recebe.

A maternidade é a condição em que o Espírito se coloca e que lhe permite experimentar o sentimento mais próximo da Divindade. Na condição de mãe, experimenta conduzir e desenvolver os potenciais embrionários latentes no outro, contribuindo dessa forma com os objetivos de Deus.

Na vivência do materno, o ser humano entra em contato com as forças instintivas da Natureza, cumprindo a finalidade de nutrir a vida e de movimentar a energia em favor do desenvolvimento das formas. Ser mãe é mais do que gerar formas, é fazer nascer o amor de Deus no coração.

O respeito e a admiração que se deve ter pelo materno provêm da consideração e da reverência que o ser humano deve ter para com Deus. Deus Se revela, simultaneamente, mãe e pai.

Seja materno sempre que a vida lhe apresentar algo que necessite ser nutrido, protegido e desenvolvido, pois Deus conta com o ser humano para a ampliação de Sua obra. O Universo é protótipo divino para que o ser humano o modele, segundo sua inteligência e sua maternidade. Graças à maternidade divina, representada pela Natureza, o ser humano se desenvolve na Terra.

Mãe é Natureza, é força viva que impulsiona ao crescimento, que direciona o ser para a subjetividade e para a vivência dos sentimentos; graças à sua demonstração efetiva de amor, o Espírito aprende as primeiras noções de solidariedade e de doação ao próximo.

Exercer a maternidade é mais do que gerar um fruto no próprio ventre; é fazer-se de representante legítimo de Deus para a continuidade e manutenção da vida. É doar-se na direção do outro, confiando que poderá fazê-lo crescer e desenvolver-se para que se torne maduro

Maternidade e adoção

Adotar uma criança é ser mãe duas vezes, doando-se em favor do filho de outrem como se seu fosse. É amar pelo simples fato de desejar exercer a função materna. Ao adotar um filho, compreenda que sua contribuição está diretamente ligada ao divino que há em seu ser. Exerça a maternidade com amor e com humildade. Tome o filho adotivo como seu, aplicando o amor sem limites, com todas as suas forças e com todo seu coração.

Maternidade e ingratidão

Quando decidir ter um filho, considere que se trata de um ato unilateral de amor a alguém, que pode não lhe retribuir como gastaria. Dê amor, sem nada exigir em troca, a não ser a ventura de ver seu filho feliz e encaminhado na vida.

Maternidade e realização pessoal

Quando exercer a função materna, não se esqueça de buscar também sua realização pessoal, porque ser mãe não exclui a necessidade de encontrar sua designação pessoal; realizar-se como mãe não é o mesmo que encontrar-se consigo mesmo.

MATURIDADE

"{..} É preciso, pois, para a compreender, uma inteligência fora do comum? Não, porque se veem homens de uma capacidade notória que não a compreendem, enquanto que inteligências vulgares, de jovens mesmo, apenas saídos da adolescência, a apreendem com admirável exatidão em suas mais delicadas nuanças. Isso vem do fato de que a parte de alguma sorte 'material' da ciência não requer senão olhos para observar, ao passo que a parte 'essencial' exige um certo grau de sensibilidade de que se pode chamar a 'maturidade do senso moral', maturidade independente da idade e do grau de instrução, porque é inerente ao desenvolvimento, num sentido especial, do Espírito encarnado. {..}".

"O Evangelho Segundo o Espiritismo", Allan Kardec. Capítulo XVII, Item 4, Boa Nova Editora.

Condição que se alça quando o Espírito alcança a consciência da própria independência e da responsabilidade para consigo e para com o próximo. Ser maduro é tornar-se, em certa medida, Deus nos atos da vida.

Sua maturidade se desenvolve a cada dia, dependendo de como você vive as experiências impostas pela Vida. A maturidade compreende a noção de responsabilidade, de inteligência, de liderança, de consciência e senso de propósitos e capacidade de fazer escolhas adequadas para si e para os outros.

Seja maduro para enfrentar os desafios da existência, sem fugir de suas responsabilidades. Maturidade não se coaduna com inconsequência nem com irresponsabilidade.

A maturidade é reconhecida quando você assume suas obrigações com você mesmo, com a família e com a sociedade.

Aos poucos, desligue-se de atitudes infantis e adote uma postura mais madura diante da vida. Evite as dependências, que caracterizaram sua infância e adolescência.

Não responsabilize ninguém pelos seus fracassos, nem tampouco atribua a seus pais a culpa pelo seu caráter. Você é o que está sendo possível ser. Você herda apenas parte de seu caráter, pois o Espírito é dono de sua personalidade em qualquer tempo.

Valorize suas atitudes que demonstram maturidade e persista em mantê-las. Verifique se seus atos estão de acordo com sua idade e com as responsabilidades já assumidas na vida. Viva seu tempo, sua época, atuando na vida com senso de oportunidade e determinação madura.

Evite se esconder no anonimato quando sua *sombra* estiver sendo percebida pelos outros. Assumir seus próprios equívocos é demonstração de "adultez" e de maturidade. Não se esconda de você mesmo.

Trate as pessoas de forma madura para despertar nelas

valores morais superiores. As pessoas agem e reagem como são tratadas.

Lembre-se de que a maturidade e revela nas pequenas coisas e longe dos holofotes públicos. Seja em público o que você é na intimidade.

Maturidade para encarar perdas

Encare as perdas que a vida proporciona com maturidade, considerando que elas são exercícios para redução do poder equivocado do ego. O Espírito só possui o que pode perder ou doar.

Maturidade em contato com a morte

Encare a morte como fenômeno natural do viver, sentindo suas consequências com maturidade e considerando que seu momento chegará e exigirá equilíbrio. A morte não é o fim, mas mostra que um ciclo se fecha para que outro se abra. Seja maduro para fechar e abrir novos ciclos na vida.

Maturidade para dirigir pessoas

Aprenda a dirigir e liderar pessoas com maturidade, colocando-se ao lado delas como companheiro de caminhada, evitando subjugá-las ou submetê-las a constrangimentos.

Maturidade para com as pessoas humildes

Com pessoas humildes, aja com paciência e tolerância, fazendo-se entender adequadamente e exercendo empatia com amorosidade. Sua maturidade permitirá acolher e ser acolhido.

NUMINOSIDADE

"O poder da fé recebe uma aplicação direta e especial na ação magnética; por ela o homem age sobre o fluido, agente universal, modifica-lhe as qualidades e lhe dá uma impulsão, por assim dizer, irresistível. Por isso, aquele que, a um grande poder fluídico normal junta uma fé ardente, pode, apenas pela vontade dirigida para o bem, operar esses fenômenos estranhos de cura e outros que, outrora, passariam por prodígios e que não são, todavia, senão as consequências de uma lei natural. Tal o motivo pelo qual Jesus disse aos seus apóstolos: se não curastes é que não tínheis a fé".

"O Evangelho Segundo o Espiritismo", Allan Kardec. Capítulo XIX, Item 5, Boa Nova Editora.

Estado de encantamento pessoal e de integração com o sagrado em si mesmo. O numinoso é o sagrado dentro de nós. Atuar numinosamente é enxergar o sagrado em tudo que fazemos.

Coloque em todos os seus atos algo de sagrado e que se conecte a Deus. Sem o encantamento promovido pela íntima conexão com o Criador, a Vida perde seu sentido. Estar encantado é perceber a espiritualidade nas pequenas coisas.

Esteja sintonizado com as forças espirituais superiores da Vida. Elas estão presentes em todos os momentos de sua existência. Você é parte integrante de uma grande plêiade de Espíritos que já compreenderam o valor da vida.

Ponha leveza e suavidade em seus atos, pois estes são assistidos por muitas testemunhas espirituais, que são participantes influentes. A leveza e a suavidade estão presentes nos eventos numinosos.

Veja sempre a vida pelo ângulo espiritual, proporcionando que seja elevada e nobre. Nunca se esqueça de que você é um espírito imortal e interage com seres espirituais a todo o momento.

Coloque sentimentos elevados em seus pensamentos e atos, tornando-os singulares. A vida emocional é mais intensa que a intelectual e merece maior atenção.

Esteja sempre disponível para a percepção dos fenômenos numinosos à sua volta. Eles ocorrem cotidianamente e é preciso 'ter olhos para ver' e 'ouvidos para ouvir'.

Procure encantar o ser humano com quem você interage, pois, como você, ele está à espera de momentos 'mágicos'. Torne sua vida um conjunto de possibilidades de percepção do sagrado e do espiritual à sua volta.

Coloque em ação sua energia amorosa para que a Vida se torne um grande ato de amor. Esteja conectado ao Criador pelos fios invisíveis do coração para uma vida plena e harmoniosa. Lembre-se de que Ele se encontra também presente no coração do outro.

Numinosidade no trabalho

Dê um toque pessoal ao que faz, tornando seus atos dignos da elevação moral. Torne-os suaves e transcendentes, pela simplicidade e seriedade com que você os executa. Faça de seu trabalho um meio para alcançar sua realização pessoal.

Numinosidade no amor

Transforme sua relação amorosa em oportunidade de troca afetiva e encontro com o divino. O amor conecta duas pessoas com Deus, tornando tudo sagrado.

Numinosidade e espiritualidade

Busque seu crescimento espiritual e o encontro com o divino, resolvendo de imediato seus conflitos menores, pois a transcendência requer superação de obstáculos internos, relegados ao abandono.

Numinosidade e mediunidade

Sua busca espiritual requer ultrapassar os limites do fenômeno mediúnico. O numinoso está além da capacidade fenomênica do ser, situando-se na profundidade do coração que se doa em amor.

ORGANIZAÇÃO

"A virtude, em seu mais alto grau, comporta o conjunto de todas as qualidades essenciais que constituem o homem de bem. Ser bom, caridoso, laborioso, moderado, modesto, essas qualidades são do homem virtuoso. {..}".

"O Evangelho Segundo o Espiritismo", Allan Kardec. Capítulo XVII, Item 8, Boa Nova Editora.

Organização é a educação das atitudes, visando um objetivo determinado. Ser organizado é estabelecer o valor de cada coisa, maximizando seu uso e otimizando seu tempo.

Organize sua vida sem exageros para que você possa planejar o futuro. Embora você deva colocar flexibilidade em sua vida, programe as direções que ela deve seguir. Não confunda organização com perfeccionismo. Enquanto a organização permite que você se libere para novas tarefas, o perfeccionismo reduz seu tempo na busca de novas oportunidades de serviço.

Use seu tempo de acordo com seus propósitos, evitando desperdiçá-lo com futilidades. Lembre-se que cada hora encerra uma preciosa lição.

Embora você deva ser uma pessoa organizada, evite exigir dos outros o mesmo, pois cada pessoa tem seu ritmo. Sem cobranças, sua organização poderá motivar os outros ao mesmo propósito.

Evite ser perfeccionista, muita embora procure fazer as coisas o mais bem feito possível. O perfeccionismo é um *complexo*, que exige a manutenção de uma imagem sempre positiva de si mesmo.

Coloque em prática o *arquétipo* ordenador de sua vida, a serviço de seu crescimento pessoal e espiritual. Deixe que o *ego* siga o *Self*.

Evite perder tempo com a ordenação de coisas velhas. Organize-as o mínimo possível, a fim de que lhe sobre tempo para planejar o presente e o futuro. Cuide para que o que não lhe serve mais seja posto fora. Dê lugar ao novo.

Pense sempre que você não conseguirá fazer tudo que deseja na vida, mas faça aquilo que é possível com qualidade e ordenadamente.

A necessidade de ordenar as coisas externas geralmente é sintoma de que na mente inconsciente algo precisa estar organizado. Não se esqueça de organizar sua vida externa e a interna. Seu mundo interior é tão ou mais importante do que sua vida exterior.

Suas emoções devem estar em sintonia com seus propósitos de vida. Organize-as para não sofrer desnecessariamente. Dê às pessoas o melhor de você, de acordo com sua capacidade de sentir.

Organização no pensar

Seu pensamento é fruto de seu mundo interior, pois obedece a estruturas inconscientes, que nem sempre têm seu controle adequado. Lembre-se de pensar com tempo e sem se deixar levar pelas emoções do momento. O pensamento gera ideias e estas, em conjunto com as emoções, geram atos. Procure ordenar seus pensamentos para que gerem boas ideias.

Organização no agir

Mesmo deixando que sua criatividade e espontaneidade estejam presentes, lembre-se de programar seu dia e sua vida, porque nada cresce sem o devido planejamento.

Organização e perfeccionismo

Independente de ser uma pessoa determinada e organizada, que procura pautar suas ações pela disciplina e ordem, procure evitar o perfeccionismo doentio, que enrijece o psiquismo.

Organização e exigências aos outros

Seu modo de vida deve ser adequado a você e de acordo com sua história pessoal. Portanto, cada um tem seu próprio modo de ser e deve ser respeitado na sua escolha. Respeite a vida dos outros para também ter a sua preservada.

PACIÊNCIA

"{..} Sede pacientes; a paciência é também uma caridade, e deveis praticar a lei de caridade ensinada pelo Cristo, enviado de Deus. A caridade que consiste na esmola dada aos pobres é a mais fácil das caridades; mas, há uma bem mais penosa e, consequentemente, mais meritória, é de perdoar àqueles que Deus colocou em nosso caminho para serem os instrumentos dos nossos sofrimentos e colocar a nossa paciência à prova. {..}".

"O Evangelho Segundo o Espiritismo", Allan Kardec. Capítulo IX, Item 7, Boa Nova Editora.

A paciência é a arte da espera consciente. É saber esperar o momento preciso de agir, visando obter resultados ótimos sem perder o equilíbrio. Saber esperar, sem ser negligente, é fundamental para que se atue de forma eficiente.

Saiba esperar para agir. Não espere apenas que o tempo resolva o que lhe compete decidir. Sua ação é a manifestação de sua personalidade. O tempo nada resolve, pois apenas permite que haja reflexão e distanciamento do evento.

Evite agir sob forte emoção, adquirindo a paciência necessária para harmonizar-se interiormente. Só depois de refletir, emocionalmente equilibrado, atue. Sob forte emoção, o Espírito costuma equivocar-se.

Desenvolva sua paciência a partir da consciência de suas responsabilidades sobre seus atos e pela confiança na direção de Deus sobre os destinos humanos. Nada escapa aos desígnios divinos nem ocorre de forma aleatória. O acaso é outro nome que se dá a Deus.

Sua ansiedade se opõe à paciência, resolva-a para alcançar o estado de equilíbrio que deseja. Não antecipe os acontecimentos, apenas planeje-os.

Aprenda a lidar com as pessoas que lhe "tiram" a paciência, pois elas podem lhe ensinar grandes lições. Se elas conseguem alterar seu estado emocional, isso mostra que algo em você ainda não foi resolvido.

Não se impaciente com o que você não pode ou não deve mudar. A vida tem seu ritmo próprio, o qual você deve aprender a respeitar.

Construa seu próprio tempo, respeitando o alheio. Cada pessoa faz sua própria escolha e, por esse motivo, merece consideração. Sua paciência é o uso de seu tempo para a execução do que lhe compete. Respeite o tamanho da paciência do outro.

Mire-se no trabalho da Natureza, que tece a Vida com esmero e paciência, ensinando-nos que as leis de Deus seguem seu próprio rumo, sem que possamos lhes alterar o ritmo.

Seja paciente, sobretudo para com aqueles que se

encontram desarmonizados, pois eles ainda não alcançaram uma adequada percepção da Vida, nem se aperceberam de seus papéis nela.

Paciência com a família

A família é o grande campo de atuação e realização do espírito, onde a paciência se torna a principal ferramenta para relações harmoniosas e felizes. Tudo tem seu tempo e seu lugar. Não exagere na pressa nem demore em resolver os conflitos.

Paciência viajando em férias

Uma viagem de férias é um momento de lazer e de descanso, para se eliminar o estresse. A paciência deve ser sempre requisitada, para que suas férias não se transformem em fator de desequilíbrio.

Paciência na doença

A paciência é fator que amplia a probabilidade de cura e acelera os mecanismos imunológicos orgânicos. Quanto mais pacientes na doença, mais melhoramos a psicosfera saudável a nossa volta.

Paciência no sofrimento

Diante do sofrimento, a paciência e a determinação em superar os obstáculos permitem que nossa mente vibre com as Forças Superiores da Vida, diminuindo o tempo do *carma* negativo.

PACIFICAÇÃO

{..} "Assim diz hoje o Espiritismo aos seus adeptos: Não violenteis nenhuma consciência; não forceis ninguém a deixar sua crença para adotar a vossa; não lanceis anátema sobre aqueles que não pensam como vós; acolhei aqueles que vêm a vós e deixai em paz os que vos repelem. Lembrai-vos das palavras do Cristo; outrora o céu se tomava pela violência, hoje pela brandura." (Cap.4, nº10 e 11).

"O Evangelho Segundo o Espiritismo", Allan Kardec. Capítulo XXV, Item 11, Boa Nova Editora.

A paz interior é um tesouro oculto que se assemelha ao Reino dos Céus, pregado por Jesus. É o bem mais precioso que se pode alcançar, porque permite que os demais sejam conquistados de forma plena e equilibrada.

Estar pacificado consigo mesmo, implica em vencer as adversidades da vida, suplantando as dificuldades em harmonia e de forma a não mais repeti-las. Pacifique sua mente, para que sua vida seja um oásis de paz.

A paz é o encontro com o ritmo divino, que pulsa na

intimidade de cada ser humano. Traz plenitude e proporciona uma aura de bem-estar e de alegria ao seu portador.

Sua conquista requer maturidade, humildade e sabedoria. Exige renúncia, assertividade e alta capacidade reflexiva. A paz interior não se confunde com a calma momentânea nem com a inércia que paralisa, pois é operante, ativa e dinâmica.

Busque sua paz interior praticando o estudo, a meditação, bem como vivendo as experiências do cotidiano com as pessoas, no exercício do amor e da humildade. Sua paz é seu talismã, para que o utilize sempre.

Seja pacífico, sobretudo nos momentos em que estiver reivindicando seus direitos, porque, geralmente, quando nos arvoramos e nos consideramos credores, perdemos o senso de humildade.

Cultive a paz como proposta cotidiana de ação, revestindo-se em seu porta-voz e em seu mais digno representante. Evite, no entanto, apresentar-se seu embaixador, sem ter as credenciais merecidas, conquistadas, principalmente, nas situações litigiosas. Ser uma pessoa pacífica requer prudência para não ser superficial nem simplista demais.

Atue, sempre que convidado, como pacificador nos litígios alheios, sem partidarismos ou preferências, de tal maneira que, além de contribuir para o encontro de soluções, exemplifique com sua paz interior.

A paz nasce no coração de quem sintoniza com os propósitos de Deus, pois busca sempre a manutenção do equilíbrio, a harmonia entre as pessoas. Tal sintonia contamina as pessoas com quem convive. Seja sua paz seu cartão de visitas, quando se deparar com novas experiências na vida.

Paz e convivência

Na convivência familiar, torne-se o elemento de conexão afetiva e da pacificação doméstica, para que seu lar se transforme no melhor lugar do mundo para se viver. Toda convivência exige renúncia, silêncio e escuta sábia. Você deve se tornar um elemento de pacificação, quando todos teimam em brigar.

Paz e competição

Quando tiver que competir, não se esqueça da solidariedade alicerçada na paz interior. Competir sem querer a destruição de seu adversário, desejando que vença o melhor, é nobreza de propósitos.

Paz e doença

Melhor do que a saúde é a paz interior, pois a primeira pode trazer bem-estar ao corpo, a segunda proporciona-o ao Espírito. Quem está em paz, atravessa a doença com equilíbrio, aproveitando para refletir sobre a Sabedoria Divina e Seus desígnios.

PATERNIDADE

{..} *"Mas Jesus respondeu: 'Não fui enviado senão às ovelhas perdidas da casa de Israel'.*

Ela, porém, veio e adorou-O, dizendo: 'Senhor, socorre-me!' Então, Ele, respondendo disse: 'Não é bom tomar o pão dos filhos e lançá-lo aos cachorrinhos'.

Ela, contudo, replicou: 'Sim, Senhor, porém os cachorrinhos comem das migalhas que caem das mesas dos seus donos.'

Então, lhe disse Jesus: 'Ó mulher, grande é a tua fé! Faça-se contigo como queres'. E, desde aquele momento, sua filha ficou sã."

(MATEUS 15:24 a 28)

Ser pai é proporcionar um norte seguro aos que se encontram sob sua responsabilidade. A paternidade é o exercício da representação daquele que se ocupa em ser intérprete e aplicador das leis de Deus. Quando estamos regidos pelo paterno, visamos estabelecer a condução de processos relacionados à conexão com o mundo externo.

O lugar que o pai ocupa em nossa mente é o de estabelecimento de limites, direcionando nosso pensar para a consecução de objetivos pragmaticamente predefinidos. Quando sua representação é positiva temos sucesso profissional, bem como uma vida mais organizada e retilínea. Quando a representação é negativa podem ocorrer insucessos e desorganização na vida pessoal, com variações de estabilidade e de segurança familiar.

Ser paterno é ser diligente, promovendo segurança e estabilidade em tudo que se envolver, principalmente na condução de pessoas. Em família, o pai, ou quem ocupe esse lugar, é o elemento que atenta para a ordem, ao momento de dizer não, para o contraponto natural com o materno e à promoção de contenções.

É nas experiências relacionadas ao *arquétipo* paterno que o Espírito estrutura sua vida, buscando uma conduta reta que lhe garanta a subsistência, dê-lhe certeza de atingir suas metas, assegure-lhe sair vitorioso em seus desafios e leve-o a alcançar sua autonomia na vida.

O *arquétipo* paterno conduz o Espírito, nas experiências reencarnatórias como pai, a alinhar seu senso de responsabilidade com ações objetivas, precisas e lógicas, visando adequar-se a normas e leis regulares.

Enquanto o materno nos orienta para as relações interpessoais, o paterno nos direciona para a realidade externa e nos ensina como vencer os desafios que ela apresenta. Ambos se complementam, levando o Espírito a experimentar diferentes faces do conduzir e educar o outro.

O Espírito, em sua trajetória na direção do conhecimento de si mesmo, aprende a estar no mundo, a vencê-lo e a modificá-lo, visando sua evolução. Nesse longo processo, não pode prescindir da função paterna para que atue de forma objetiva, direta e alinhada com Deus.

O Espírito caminha para se tornar Senhor do Universo, com que o Criador o presenteou.

Paternidade responsável

Assuma a responsabilidade todas as vezes que colocar filhos no mundo, pois são Espíritos à espera de sua condução segura e de seu exemplo de retidão, coragem e amor. Faça o melhor que puder, sobretudo fazendo amigos mais do que subordinados. Evite ser carrasco de seus filhos, pois eles estão à espera de amor.

Paternidade e cidadania

Em todas as situações que envolvem sua conduta, não se esqueça de atender aos apelos da cidadania, cumprindo as exigências que a sociedade da qual faz parte, propõe para todos. Seja e atue sempre com o melhor de você mesmo. Sua cidadania é parte do aprendizado necessário do viver em sociedade.

Paternidade e maternidade

VALORES DO ESPÍRITO

São instâncias complementares que, quando bem vividas, garantem o crescimento e o desenvolvimento harmônico do Espírito. São condições propostas ao Espírito, para que represente o divino na condução de outros Espíritos nas diversas experiências humanas.

PERSPICÁCIA

{..} *"Aquele que pode ser, com razão, qualificado de verdadeiro e sincero espírita, está num grau superior de adiantamento moral; o Espírito, que domina mais completamente a matéria, lhe dá uma percepção mais clara do futuro; os princípios da doutrina fazem vibrar nele as fibras que permanecem mudas nos primeiros; {..}"*

"O Evangelho Segundo o Espiritismo", Allan Kardec. Capítulo XVII, Item 4, Boa Nova Editora.

A perspicácia é a condição de quem tem a percepção clara da realidade, sem os véus que impedem uma visão ampla da vida. É a habilidade em perceber, além do trivial, o que se encontra nas entrelinhas da realidade apresentada para atuar de forma mais proveitosa.

Ser uma pessoa perspicaz é ter capacidade de penetração no entendimento da realidade e no conteúdo do que apreende. Isso implica numa percepção melhor e mais ampliada da realidade, favorecendo o aprendizado e a utilização mais adequada de informações.

A perspicácia é a agudeza de espírito, sendo útil para

proteger-se de contingências inesperadas e complexas. Na prevenção de invasões psíquicas indesejáveis, a perspicácia é recurso sempre adequado. Contribui para que o ser humano atue de forma preventiva, não se sujeitando aos imprevistos perigosos.

A aquisição da perspicácia permite que haja uma maior compreensão das coisas por simples indícios e, com menor número de informações, consegue-se clareza na análise da realidade posta. Isso torna a vida mais fácil de ser vivida.

O entendimento das situações é alcançado com relativa velocidade, graças à agilidade em se reunir e processar mínimas informações em favor de ações mais eficientes. Atua-se de forma rápida, precisa e consequente, para que os resultados sejam melhores e mais satisfatórios. Com isso o Espírito amadurece de forma mais consciente, conseguindo sabedoria.

Com a perspicácia pode-se agir com mais sutileza e precisão, economizando-se tempo e direcionando a energia psíquica para outras realizações. Tal precisão garante disponibilidade para se viver outras experiências.

Sagacidade é a habilidade oriunda da perspicácia, que favorece a realização das atitudes, utilizando-se dos meios mais adequados, com a melhor visão e alcançando-se os melhores resultados.

Sempre que você tiver que tomar uma decisão importante e que envolve terceiros, considerando que terá tempo para fazê-lo, haja com perspicácia na hora de pôr em prática o que decidiu. A perspicácia vai lhe garantir ações mais maduras e mais adequadas, para que todos sejam beneficiados.

Perspicácia e ingenuidade

Quando a ingenuidade prejudica o alcance de bons resultados, a perspicácia deve ser evocada para garantia de bom desempenho. Perspicácia é fundamental para a solução de conflitos, que podem retardar a evolução de um Espírito. Sem ela, pode-se perder muito tempo e adiar transformações importantes.

Perspicácia e equilíbrio

Utilizando-se da perspicácia você pode agir com mais segurança e equilíbrio, considerando que a prudência favorece a compreensão mais ampla dos processos em curso. Seu equilíbrio pode lhe trazer harmonia, para que sua mente atue de forma eficiente e com perspicácia.

Perspicácia e maturidade

Quanto mais maduros nos tornamos, mais deveremos agir com perspicácia, a fim de manter o Espírito ativo e consciente de seus constantes desafios. Não devemos confundir perspicácia com esperteza ou com enganação. O Espírito deve agir com lisura e com ética, principalmente quando estiver em jogo os direitos dos outros.

QUIETUDE

"Vinde a mim, todos vós que estais aflitos e que estais sobrecarregados, e eu vos aliviarei. – Tomai meu jugo sobre vós, e aprendei de mim que sou brando e humilde de coração, e encontrareis o repouso de vossas almas; porque meu jugo é suave e meu fardo leve." (São Mateus, 11:28-30)

"O Evangelho Segundo o Espiritismo", Allan Kardec. Capítulo VI, Item 1, Boa Nova Editora.

A quietude é a condição de quem encontrou, no silêncio, o meio mais adequado de meditação e de condução de seus propósitos. Estar quieto não implica em estar parado, inerte, sem ação. A quietude é a condição de quem encontrou o divino nas pequenas e grandes coisas.

É um estado interior de confiança em Deus e de serenidade perante o próprio destino, porque sabe o que fazer e o momento adequado de agir.

Aprenda com a Natureza a esperar o tempo certo das coisas acontecerem, fazendo, entretanto, a parte que lhe cabe para que a vida aconteça.

Desenvolva hábitos que favoreçam a calma e o equilíbrio em sua vida. Fale mansamente e ande sem alarde. A vida pede tranquilidade, ação consciente, leveza e suavidade em viver.

Aprenda a meditar, reservando o tempo adequado para pacificar a mente, despreocupando-se de suas obrigações rotineiras e elevando-a à transcendência do divino.

De tempos em tempos, faça um retiro espiritual para buscar renovar suas energias no contato com a natureza. Evite desligar-se dela para não perder sua conexão com a Terra.

Busque a oração como forma de aproximar-se do estado de quietude, necessário à compreensão da Vida e de seus intrincados mecanismos. Estar em oração, conectando-se ao sagrado, é condição permanente de quem alcançou a quietude e a paz interior.

Aproxime-se de pessoas que também cultivam o hábito de transcender e de buscar a espiritualidade. Suas companhias devem contribuir para seu processo de crescimento espiritual.

Quando a dor, a revolta ou a mágoa atingirem seu coração, busque o silêncio na oração e na confiança em Deus, para que sua alma se eleve além das contingências materiais. Esteja quieto enquanto muitos dormem ou agridem.

Permita-se, de vez em quando, aquietar-se quando seu mundo estiver em confusão, a fim de que você possa absorver as forças necessárias à continuidade de sua existência.

Quietude na algazarra

No silêncio, a quietude não é difícil, porém, é quando todos se encontram em algazarra que ela é mais necessária. Diante de qualquer confusão, entre em contato com sua paz interior, para que sua quietude contamine a todos.

Quietude no amor

Leve para seu amor o estado de quietude interior, para que ele se transforme em fator de equilíbrio e harmonia para sua vida. Seu amor deve lhe trazer paz, silêncio interior e tranquilidade de espírito. Ame serenamente.

Quietude na morte

Evite o desespero na morte, pois sua quietude tanto bem lhe fará quanto àqueles à sua volta, inclusive à pessoa que deixou o corpo para novas realizações como Espírito imortal que é.

Quietude diante da agressão do outro

Quando a energia da raiva do outro se voltar contra você, devolva-lhe a energia do amor, gerada pela sua quietude interior. A outra face da violência é a paz.

RECEPTIVIDADE

"{..} Os Espíritos que a semelhança de gostos, a identidade de progresso moral e a afeição levam a se reunirem, formam famílias; esses mesmos Espíritos, em suas migrações terrestres, procuram-se para se agruparem como o fazem no espaço; daí nascem as famílias unidas e homogêneas; e se, em suas peregrinações, estão momentaneamente separados, reencontram-se mais tarde, felizes com os novos progressos. Mas como não devem trabalhar unicamente para si, Deus permite que Espíritos menos avançados venham a se encarnar entre eles, para aí haurir conselhos e bons exemplos, no interesse do seu adiantamento; eles causam, por vezes, perturbações, mas aí está a prova, aí está a tarefa. Acolhei-os, pois, como irmãos; vinde em sua ajuda e, mais tarde, no mundo dos Espíritos, a família se felicitará de haver salvo do naufrágio, os que, a seu turno, a poderão salvar de outros". (Santo Agostinho, Paris, 1862).

"O Evangelho Segundo o Espiritismo", Allan Kardec. Capítulo XIV, Item 9, Boa Nova Editora.

Condição de quem aprendeu a acolher o outro, sabendo ouvi-lo e agindo com empatia. Qualidade especial, que favorece a humildade e é contrária ao orgulho. Assemelha-se à caridade para com o próximo. Ser receptivo é abrir o coração para a compreensão do outro e de suas necessidades.

Sempre que conhecermos alguém e utilizarmos a receptividade, construiremos uma imagem positiva e deixaremos no coração do outro o sentimento de amorosidade. Quando uma pessoa é bem recebida e sente sinceridade, suas vibrações de amor são naturalmente dirigidas a quem assim procedeu.

A atenção que dedicarmos a outrem, sabendo atender-lhe o anseio da tolerância e da paciência, sem querer superar sua fala, demonstrará nosso grau de receptividade. Assim teremos a gratidão natural que vem do outro.

A receptividade é irmã da maternidade, pois acolher alguém é nutrir-lhe com o sentimento de pertencimento e de gratidão. Ofereça ao outro sua capacidade receptiva na forma de um sorriso, um abraço, uma fala amiga e uma oração de coração.

A receptividade permite ao outro sentir-se incluído e tratado como um velho amigo, que há muito não se vê. A receptividade permitirá a ocorrência de uma intimidade salutar, a qual favorece o entendimento.

Toda receptividade se origina da confiança em si mesmo e do desejo de contribuir para o bem-estar do outro, permitindo que ele se sinta coberto pela fraternidade que une todas as criaturas. Seja receptivo ao estranho, pois ele, como você, deseja apenas ser legitimado e compreendido, ao menos, momentaneamente.

Ser receptivo é envolver o outro pelo sentimento de humanidade, considerando-o também filho de Deus, irmão que surge no mesmo caminho evolutivo. Sua receptividade contribui para o entendimento e torna o ambiente agradável e favorável ao florescimento do amor.

Quando alguém nos acolhe como a um velho conhecido, tratando-nos com receptividade amiga, inconscientemente vibramos a seu favor, emitindo o que de melhor existe em nós mesmos. Emitimos para o Universo um sinal de conexão fraterna e de agradecimento pelo contato amigo.

Receptividade e amorosidade

A amorosidade com que tratamos alguém será, um dia, retribuída na forma de receptividade quando dela necessitarmos. Seja sempre receptivo, principalmente quando seu coração desejar auxiliar alguém. Nossa capacidade de amar é também sinalizada pela forma como somos recebidos e como o fazemos a alguém.

Receptividade ao oponente

Quando a vida, porventura, colocá-lo em oposição a alguém, sempre que possível, demonstre receptividade verdadeira, pois emitirá para o outro o recado de que nada há de pessoal contra ele. Divergir em ideias é natural e salutar, lutar contra pessoas é barbárie.

Receptividade ao estranho

Quando se deparar com pessoas estranhas, com quem necessite ou deva manter contato, mostre-se receptivo para que as barreiras sejam eliminadas e possa reinar a fraternidade legítima.

RESILIÊNCIA

"{..} Obreiros, traçai vosso sulco; recomeçai no dia seguinte a rude jornada da véspera; o labor de vossas mãos fornece o pão terrestre ao vosso corpo, mas vossas almas não estão esquecidas; e eu, o divino jardineiro, as cultivo no silêncio de vossos pensamentos; quando a hora do repouso tiver soado, quando a trama escapar de vossas mãos, e que vossos olhos se fecharão à luz, sentireis surgir e germinar em vós minha preciosa semente. {..}".

"O Evangelho Segundo o Espiritismo", Allan Kardec. Capítulo VI, Item 6, Boa Nova Editora.

A resiliência é a capacidade que certas pessoas têm de, após atravessar uma adversidade, retornar à sua condição original, sem perda ou decréscimo de sua motivação para a vida.

Diante da derrota e da desmotivação relembre sua força, determinação e coragem para suplantar obstáculos, pois, naturalmente, você é e sempre será resiliente. Sua resiliência é fator de exemplo para todos.

Quando a vida colocá-lo diante de provas acerbas ou

quando a expiação bater à porta de sua vida, não se esqueça de que você tem a capacidade de ser resiliente e que, um dia, voltará à sua condição normal, muito mais firme e sábio para viver.

Nunca perca a esperança de que a vida será melhor para você, pois seus esforços em suplantar-se e superar os obstáculos do caminho são grandes. A vida sempre nos dá mais do que a ela oferecemos. Sua resiliência é fator preponderante para sua vitória sobre qualquer dificuldade, por mais complexa e difícil que seja.

Diante de alguém que esteja em situação difícil, vitimado pela doença, que lhe paralisou a vida, fale da resiliência e mostre, com seu exemplo, como aconteceu com você. Ampare sempre aquele que se encontra alquebrado, falando da resiliência como fator de superação.

Sua resiliência é sua esperança ante as possibilidades de que a vida lhe ofereça expiações aparentemente insuperáveis e dolorosas. Não se esqueça de que você é um Espírito imortal e nada poderá impedir seu progresso e sua felicidade.

A resiliência deve ser vivida em todas as circunstâncias, porque não se trata apenas de superar doenças do corpo. Diante de pensamentos repetitivos, de ideias ruminantes e de lembranças amargas, não se esqueça de ser resiliente, a fim de conseguir retirá-las da consciência, para que a paz reine de novo em sua mente. Não se esqueça de que tudo pode ser modificado, quando conseguimos educar nossa mente para a construção de novos cenários para nossa realidade.

Resiliência e doença

Quando a doença acontecer em sua vida, qualquer que seja sua dimensão, não se esqueça de que ela ocorre para seu aprendizado e que, depois você recuperará a saúde. Enquanto estiver doente, não se esqueça da resiliência. Doença é lição em curso, exigindo atenção e compreensão de seu significado espiritual.

Resiliência e perdas

Sempre acontecerão perdas na vida humana. Tal ocorre para aprendermos o desapego e o desprendimento, a fim de evitarmos dependências perniciosas e inadequadas. Quando estiver atravessando um período de perdas significativas, acredite na resiliência que o fará emergir de volta às suas plenas potencialidades. Não há sofrimento que seja eterno nem dor que não se acabe.

Resiliência na vida

Em toda a sua vida, utilize-se da resiliência, pois certamente atravessará períodos de incertezas, de baixa vitalidade e de desânimo. Graças à resiliência você voltará à consciência de suas capacidades, superando todo e qualquer obstáculo.

RESPONSABILIDADE

"{..} O Senhor não ordena se despojar do que se possui para se reduzir a uma mendicidade voluntária, e se tornar uma carga para a sociedade; agir assim seria compreender mal o desapego dos bens terrestres; é um egoísmo de um outro gênero, porque é se isentar da responsabilidade que a fortuna faz pesar sobre aquele que a possui. Deus a dá a quem lhe parece bom para gerir em proveito de todos; o rico tem, pois, uma missão, missão que pode se tornar bela e proveitosa para ele; rejeitar a fortuna quando Deus vô-la dá, é renunciar ao benefício do bem que se pode fazer em administrando-a com sabedoria. {..}".

"O Evangelho Segundo o Espiritismo", Allan Kardec. Capítulo XVI, Item 14, Boa Nova Editora.

Capacidade de assumir as consequências de seus atos com equilíbrio e seriedade. É uma função importante que o Espírito adquire e que o capacita a grandes realizações na vida.

Sua responsabilidade deve ser percebida nos mínimos atos, principalmente naqueles em que você não tem interesse direto. Sua responsabilidade o habilita à execução de importantes tarefas para o desenvolvimento da sociedade. Você não deve subestimar sua responsabilidade individual e coletiva.

Procure sempre fechar ciclos em sua vida, para que não seja contestada sua responsabilidade. Termine o que começou ou dê-lhe um fim, que não deixe dúvidas quanto à lisura de seus atos.

Responsabilize-se pelo que fez e faz. Mesmo que haja consequências negativas ou positivas, responsabilize-se, caso tenha sido você seu agente direto ou indireto

Verifique quais as emoções que você desperta nos outros e responsabilize-se quando tiver sido causador direto delas.

Leve a sério tudo o que você faz, a fim de que as pessoas conheçam suas intenções. Adote a postura da responsabilidade pessoal em tudo que seu nome esteja presente.

Seja sua ética o traço mais importante de sua personalidade, para que sua marca esteja no que faz e as pessoas a reconheçam. Sua ética deverá estar presente em sua fala, em seus atos e no que influencie à sua volta.

Caso você tenha feito algo, cujas consequências tenham sido negativas, e a autoria esteja sendo atribuída a outrem, assuma-a imediatamente para que sua consciência não lhe cobre indefinidamente. Ninguém deve sofrer por sua causa.

Adote uma postura responsável diante da vida para que ela cada vez mais lhe dê responsabilidades. As responsabilidades que a vida lhe oferecer estão diretamente relacionadas com sua elevação espiritual.

Responsabilidade no trabalho

Seu trabalho é oportunidade de realizar seu destino. Considere que ele, sendo realizado com amor e responsabilidade, trará a você a felicidade que sempre desejou. Faça de seu trabalho, qualquer que seja ele, motivo de alegria e campo de exercício da responsabilidade.

Responsabilidade frente aos compromissos da vida

A vida sempre nos propõe compromissos, para nos habituarmos à responsabilidade. Quanto mais nos comprometermos com eles, maiores responsabilidades teremos. Execute tudo com responsabilidade, a fim de que se capacite para maiores realizações.

Responsabilidade com dinheiro

O dinheiro é resultante da energia do trabalho. Use-o com responsabilidade, para que ele continue gerador de novas energias a serviço do Espírito. A responsabilidade com que o utilizarmos proporcionará equilíbrio à nossa volta.

Responsabilidade na liberdade

VALORES DO ESPÍRITO

Quanto mais liberdade se tem mais responsabilidade se necessita. Ser responsável diante de obrigações e sob limites não é difícil. Difícil é exercer a responsabilidade quando se tem toda a liberdade possível.

SABEDORIA

"A alma se extravia e se perturba quando se serve do corpo para considerar qualquer objeto; tem vertigens como se estivesse ébria, porque se liga a coisas que são, por sua natureza, sujeitas a mudanças; ao passo que, quando contempla sua própria essência, ela se dirige para o que é puro, eterno, imortal e, sendo da mesma natureza, fica aí ligada tanto tempo quanto possa; então seus descaminhos cessam, porque está unida ao que é imutável, e esse estado da alma é o que se chama sabedoria."

"O Evangelho Segundo o Espiritismo", Allan Kardec. Introdução (Resumo da doutrina de Sócrates e de Platão- item II), Boa Nova Editora.

A sabedoria é a condição do Espírito que já aprendeu a viver de forma inteligente, lúcida, amorosa e coerente com os princípios divinos.

Aparece quando o Espírito está maduro para a vida e percebe sua importância pessoal para a realização dos planos de Deus.

Seja sábio em suas opiniões, ouvindo primeiro aqueles ansiosos para falar. Só depois, deite sua fala com a mansidão e coerência dos propósitos superiores que caracterizam sua vida.

Dedique boa parte de sua vida à leitura, pois é através dela que se veiculam grandes ideias.

Dedique-se a algum tipo de arte, pois ela é uma das manifestações do Espírito através do Inconsciente.

Desenvolva sua sabedoria aprendendo a diminuir seu orgulho e educando os desejos egóicos.

Sábio é sempre alguém que vê e vive a vida na sua simplicidade. Desapegue-se de hábitos superficiais e desnecessários, pois afastam-no de sua essência divina.

Quando a inveja o atingir, aja com sabedoria, não ridicularizando o objeto de desejo e, caso seja algo nobre, trabalhe para obtê-lo.

Não confunda sabedoria com conhecimento intelectual, porque este, muitas vezes, eleva o orgulho, distanciando-o daquela.

Seja sábio aprendendo a ceder quando a disputa puser em risco as conquistas nobres, que você já efetuou em sua vida. Persista em seus propósitos de crescimento espiritual.

Seja sábio educando os outros naquilo que você já conquistou. Não guarde o que pode ser útil às pessoas. Abra seu coração com sabedoria.

Diante daquele que sabe mais do que você, adote a postura da humildade e não deseje diminuí-lo para aparecer; sobretudo, aprenda com ele, pois somos todos mestres uns dos outros.

Somos Espíritos imortais, criados para sermos felizes

e realizarmos nossa Designação Pessoal. Em nosso ser, gravamos a resultante das experiências vividas ao longo de nossa evolução, para alicerçar nossa sabedoria. Eternizamos o que integramos ao nosso psiquismo para uso contínuo na aquisição de novos conhecimentos.

Sabedoria com a família

Quando em família, procure utilizar a sabedoria embutida na humildade e na amorosidade. Quanto mais simplicidade mais sabedoria. Sua família não merece apenas seu intelecto, mas também seu coração.

Sabedoria sem dinheiro

Utilize-se de sua criatividade quando a vida colocá-lo sem condições financeiras, porque a sabedoria deve ser exercitada principalmente sob condições adversas. Permita que a sabedoria ocupe a lugar antes oferecido à ambição.

Sabedoria com a criança

Seja sábio no trato com a criança, que ela pode lhe revelar, através da inocência e espontaneidade, preciosas lições de amor, de simplicidade e de vida.

Sabedoria no sofrimento

Diante do sofrimento, requisite respostas da sabedoria para atravessar aquela situação. Certamente ela lhe responderá no íntimo da alma algo que amenizará suas dores.

SEGURANÇA

"{..} Não levarei nada dos bens da Terra; honrarias, riquezas, satisfação da vaidade e do orgulho, tudo o que se prende ao corpo, enfim, vai ficar neste mundo; a menor parcela não me seguirá, e nada de tudo isso me será o menor socorro no mundo dos Espíritos. Não levarei comigo senão o que se prende à minha alma, quer dizer, as boas e más qualidades, que serão pesadas na balança de uma rigorosa justiça, e serei julgado com tanto mais severidade quanto minha posição, sobre a Terra, me tenha dado mais ocasião de fazer o bem que não fiz".

"O Evangelho Segundo o Espiritismo", Allan Kardec. Capítulo XXVIII, Item 41- Prece, Boa Nova Editora.

A segurança é a qualidade que outorga ao Espírito a certeza de que nada, absolutamente nada, que lhe acontece ou acontecerá, será em seu prejuízo ou poderá destruí-lo.

Estar seguro de uma ação é o equilíbrio nas atitudes decorrentes da certeza de saber se proteger sem agredir ao próximo.

Sentir-se seguro é confiar que existe uma instância maior, que a tudo provê e que nos direciona para o crescimento espiritual.

A segurança deve nos tranquilizar quanto às ocorrências cotidianas, que podem nos atingir e que só o fazem para o nosso bem.

Aja com segurança, buscando nada fazer contra qualquer ser humano nem contra si mesmo. Quando algo nos ocorre e nos prejudica, sem que nada tenhamos feito para merecê-lo, confie em Deus, pois Ele assim permite porque existe uma causa maior por nós desconhecida.

Assegure-se de que aquilo que você faz não atenta contra o direito de ninguém. Quando assim proceder, estará seguro de que sua ação não se voltará contra você.

Quando você sentir medo de morrer, pense sempre que sua imortalidade jamais será abalada. Não tema a morte do corpo, pois ele é apenas uma parte de você e que pode ser, em dado momento, dispensável. Você é mais que seu corpo e pode prescindir dele.

Coloque Deus permanentemente em sua consciência, como seu porto seguro, não permitindo que nada abale sua confiança nEle.

Não se deixe abalar pela insegurança quanto ao que vestir, comer ou ter, pois a vida é maior do que aquilo que a matéria pode lhe proporcionar. Seu trabalho garantirá a você o necessário para seu sustento.

Aprenda que o bem mais preciso é sua paz, e ela só lhe poderá ser retirada quando você o permitir. Confie sempre em você e em Deus.

Segurança no agir

Seja seu agir resultante de uma postura psíquica equilibrada e segura. A segurança para qualquer momento virá da certeza de estar conectado a Deus em todos os instantes de sua vida.

Segurança no falar

Seja seu falar expressão de sua alma. Utilize as palavras que você profere com segurança, como quem pretende com elas mostrar quem de fato você é e aprender alguma coisa. Esteja sempre aprendendo com o que diz.

Segurança no pensar

Seja seu pensar coerente com sua vida, a fim de que você emita seus pensamentos de forma segura e harmônica. Pense com flexibilidade e calma, porque esta é requisito importante para a segurança que você pretende.

Segurança no sentir

Seja seu sentir seguro, para evocar na intimidade de seu ser as mais sublimes emoções da alma. Dentro de você ocorrem os mais harmoniosos sentimentos, gerados por Deus quando o criou.

SENTIMENTO

"O amor resume inteiramente a doutrina de Jesus, porque é o sentimento por excelência, e os sentimentos são os instintos elevados à altura do progresso realizado. No seu ponto de partida, o homem não tem senão instintos; mais avançado e corrompido, tem sensações; mais instruído e purificado, tem sentimentos; e o ponto delicado do sentimento, é o amor, não o amor no sentido vulgar da palavra, mas este sol interior que condensa e reúne, em seu ardente foco, todas as aspirações e todas as revelações sobre-humanas. {..}".

"O Evangelho Segundo o Espiritismo", Allan Kardec. Capítulo XI, Item 8, Boa Nova Editora.

O sentimento é a função que permite ao Espírito entender e absorver a realidade, sob o paradigma da emoção sem o uso da razão lógica.

O Espírito, em sua caminhada rumo ao conhecimento de si mesmo e da realidade que o cerca, a partir de sensações, desenvolverá a capacidade de ter sentimentos, alcançando as mais altas dimensões evolutivas. Poder vivenciar sentimentos significa ter a capacidade de entender a realidade, a partir de condições fora do domínio sensorial e lógico.

Expressar sentimentos capacita o ser humano a liberar naturalmente o que ocorre em seu mundo interior a partir do paradigma emocional, sem repressões ou limites. O sentimento torna o ser humano mais apto à compreensão dos desígnios divinos, pois tudo passa por sua utilização constante e adequada.

Pela expressão dos sentimentos, o ser humano desenvolve a capacidade de vivenciar a afetividade, face exteriorizada do carinho por alguém.

Desenvolvendo a capacidade de expressar sentimentos, o ser humano se aproxima das manifestações de Deus na Natureza. Quando a função sentimento é utilizada, o ser humano percebe que Deus Se manifesta na criatura pelas vias emocionais.

O Princípio Espiritual passa da sensação para a emoção, desta para sentimento, numa constante ascensão à expressão pura do amor. A vida evolui na direção do amor, sendo ele sua máxima expressão emocional.

Todas as vezes que o ser humano reprime seus sentimentos, desloca energia para atitudes inconseqüentes, em face da necessidade de liberar a carga correspondente acumulada. Não liberar emoções é como represar a água de um rio; um dia provocará uma cheia perigosa.

O Iluminismo promoveu o amadurecimento do ser humano para uso autônomo da razão, mas contribuiu negativamente para a repressão de seus sentimentos, trazendo-lhe consequências danosas na conquista da capacidade de amar seu semelhante. Sem o amor, há estagnação e adoecimento da alma.

Sentimentos em família

No convívio em família, o Espírito desenvolve a capacidade de vivenciar o amor, máximo sentimento possível ao nível humano. Nas relações que estabelece em família, constrói competências emocionais que o capacitam a vivências cada vez mais complexas. A família é o laboratório onde se forjam os grandes sentimentos do Espírito.

Sentimento e razão

Se a razão elevou o ser humano a se tornar responsável pela sua inteligência, permitindo que atingisse alto grau em seu intelecto, foi sua capacidade de expressar sentimentos que o promoveu à condição de entender Deus como puro amor. Pelos sentimentos, o Espírito tem se aproximado da natureza íntima de Deus. Mais do que acreditar em Deus, ele tem percebido que Deus deve ser sentido. A crença não lhe permite entender Deus, mas o sentimento o coloca em plena sintonia com seu Criador.

Sentimento e emoção

A emoção é instintiva; o sentimento é elaboração psíquica, que exige experiência relacional profunda. Emocionar-se é liberar energia bruta; sentimento é expressão da alma, que já aprendeu a direcionar a energia emocional para um propósito específico. Resta ao Espírito utilizar os sentimentos para que se aproxime cada vez mais do amor incondicional a Deus, ao semelhante e a si mesmo.

SERENIDADE

{..} *"Com efeito, é certo que a maioria dos casos de loucura são devidos à comoção produzida pelas vicissitudes que o homem não tem força de suportar; se, pois, pela maneira que o Espiritismo lhe faz encarar as coisas deste mundo, ele recebe com indiferença, com alegria mesmo, os reveses e as decepções que o fariam desesperar em outras circunstâncias, é evidente que essa força, que o coloca acima dos acontecimentos, preserva sua razão dos abalos que, sem ela, o sacudiriam".*

"O Evangelho Segundo o Espiritismo", Allan Kardec. Capítulo V, Item 14, Boa Nova Editora.

A serenidade é a paz aliada à leveza de espírito. É a conquista da inteligência envolvida pela harmonia interior. É condição preciosa para todos que desejam viver na mais completa harmonia consigo e com seu semelhante.

Serenidade é a leveza nas atitudes, decorrente de uma visão de mundo menos catastrófica e da compreensão da Vida, como um processo oriundo de um Deus concebido como amor e como amigo.

Seja sereno, sobretudo entre aqueles que se encontram em tumulto. É junto a eles que você poderá demonstrar que seu estado de espírito é o mais adequado. A serenidade é mãe da paz interior. Com ela se vive em perfeita harmonia com o próximo.

Tome como base, para se mirar na serenidade, a própria Natureza, que faz nascer o sol todos os dias, para iluminar justos e injustos, não se incomodando com os litígios que não lhe digam respeito.

Não confunda serenidade com timidez, porque esta torna o indivíduo, geralmente, passivo, e aquela age, sempre em silêncio.

Alimente o Espírito com a serenidade no silêncio de suas noites. Após elas, um dia novo sempre nasce. A alvorada sempre rompe a escuridão da noite; assim é com os nossos conflitos. Sempre surge algo novo e bom para o ser humano crescer.

Não permita que sua serenidade seja prejudicada pelas preocupações da vida, pois estas fazem parte do processo evolutivo de cada pessoa.

Viva serenamente e deixe as pessoas seguirem seus destinos, pois cada um constrói sua própria história de vida. Não se torne algoz nem juiz da vida de ninguém. Ande com serenidade e aja com naturalidade.

Desenvolva a serenidade, aprendendo a meditar no silêncio de sua solidão. Nesta é que você descobre sua natureza interior e a pacífica.

Navegue pela vida serenamente, confiante que existe um Guia Maior, igualmente tranquilo e que segue seus passos.

Aprenda a esperar seu momento e sua hora, para que suas ações ocorram de acordo com as expectativas e possibilidades de êxito. Seja sereno para tomar decisões maduras. Evite improvisar e esperar demasiadamente.

Serenidade no trabalho

Utilize-se da serenidade na solução dos problemas que o seu trabalho lhe impuser. Ela é aliada preciosa nos momentos de decisão. Quanto mais sereno você estiver, melhores condições terá de absorver inspirações superiores, para encontrar boas e maduras soluções.

Serenidade com a família

No campo da família somos convidados a vencer desafios intensos, que poderão resolver ou ampliar conflitos. Quando utilizamos a serenidade, temos grandes chances de solucioná-los sem gerar novos comprometimentos, muitas vezes, difíceis e complexos.

Serenidade na doença

Diante da dor, seja sereno a fim de que seu organismo sinta com menor intensidade a aflição que ela gera. Quanto mais serenos estivermos na dor, mais nosso organismo se anestesia para contê-la.

Serenidade no sofrimento

Diante do sofrimento, use a serenidade a fim de captar o significado da experiência que atravessa, para que ela possa lhe mostrar aquilo que se encontra em desarmonia internamente

SUAVIDADE

{..} *"O Espírito deve ser cultivado como um campo; toda riqueza futura depende do labor presente, e mais do que bens terrestres, vos levará à gloriosa elevação; é então que, compreendendo a lei de amor que une todos os seres, nela encontrareis as suaves alegrias da alma, que são o prelúdio das alegrias celestes". (Lázaro, Paris, 1862)*

"O Evangelho Segundo o Espiritismo", Allan Kardec. Capítulo XI, Item 8, Boa Nova Editora.

Condição de quem adquiriu a consciência da ação de Deus na própria vida, transformando-a num constante ato de adoração e Ele, através do trabalho. É a tranquilidade do Espírito, que já entendeu como funciona o Universo e como transitar nele e com ele.

Seja suave ao emitir suas ideias, pois elas podem ajudar ou ferir alguém. Fale com propriedade e com segurança e nada diga que possa pôr em dúvida aquilo que você expressa.

Seja suave como o sussurro do vento, para que suas palavras e ações possam ser sentidas intensamente. Ser suave é ser profundo e maduro na fala e nos atos.

Sua suavidade tem relação direta com sua capacidade de mostrar seus defeitos, quando for necessário fazê-lo. Aprenda a integrar o mal, que você considera existir em sua personalidade.

Não se esconda por detrás da máscara social, para apresentar uma tranquilidade que nem sempre é verdadeira. Seja você mesmo até alcançar de forma sincera a suavidade que deseja.

Seja suave ao tocar a ferida alheia. Nem sempre sabemos a medida certa da dor do outro. Aquilo que o atinge pode ser apenas uma gota d'água.

Seja suave principalmente no trato com seus familiares, porque eles são seus tesouros mais próximos. Trate-os como gosta de ser tratado. Sua família é o melhor grupo de Espíritos que você já conquistou. O próximo grupo será correspondente ao seu sucesso com esse.

Observe que as pessoas mais suaves são mais profundas e tocam mais o coração. Tente descobrir o que as fazem assim.

Cative as pessoas pela suavidade com que você lhes toca a alma. Cada pessoa tem um padrão, no qual gosta de ser sutilmente tocada. Aprenda a descobrir o que alegra o coração do outro para que, suavemente, possa atingí-lo.

Suavidade no sexo

Na prática sexual com a pessoa que você ama, procure a suavidade no trato com seu corpo e respeito ao alheio, buscando conectar-se ao divino, fazendo do momento de intimidade e da troca de energias algo sagrado e importante em sua vida.

Suavidade nos atos simples da vida

Torne seus atos expressões de seu modo calmo de pensar, a fim de que sua vida alcance a leveza, que lhe permita sentir cada momento como especial. Seja suave, mas seja assertivo, pois a vida exige determinação e coragem para se enfrentar todos os desafios propostos.

Suavidade no trato com o próximo

Leve para suas relações com as pessoas a suavidade em sua fala e na forma como você as percebe. Seu olhar suave pode alcançar a alma de quem o escuta. Seja manso, mas seja prudente; seja leve, mas seja eficiente; seja sentimento, mas não se esqueça da razão; seja puro, mas seja consequente; seja amoroso, mas seja coerente; seja suave, mas seja sempre você.

Suavidade no pensar

Pense calmamente para que o tempo não se torne um peso em sua consciência. Cada momento é oportunidade de sentir a vida como um maravilhoso presente de Deus.

TERNURA

"A pureza de coração é inseparável da simplicidade e da humildade; ela exclui todo o pensamento de egoísmo e de orgulho; foi por isso que Jesus tomou a infância por emblema dessa pureza, como a tomou para o da humildade. Esta comparação poderia não parecer justa, se se considera que o Espírito da criança pode ser muito velho, e que traz, em renascendo para a vida corporal, as imperfeições das quais não se despejou, nas suas existências precedentes; só um Espírito que atingiu a perfeição, poderia nos dar um modelo da verdadeira pureza. Contudo, ela é exata do ponto de vista da vida presente; porque a criancinha, não tendo ainda podido manifestar nenhuma tendência perversa, nos oferece a imagem da inocência e da candura; também Jesus não diz, de um modo absoluto, que o reino de Deus é para elas, mas para aqueles que se lhes assemelham".

"O Evangelho Segundo o Espiritismo", Allan Kardec. Capítulo VIII, Item 3, Boa Nova Editora.

A ternura é a função do Espírito que lhe permite agir com suavidade, amorosidade e doçura. A ternura é mãe do carinho e do afeto que se sente por alguém.

A ternura é a doçura que se adiciona às palavras que se profere. É a emoção típica daqueles que encontraram o caminho do amor no coração.

A ternura permite que a pessoa vibre numa faixa evolutiva superior, na qual sintoniza com emoções nobres e harmonizadas.

A ternura está muito presente no amor de mãe, principalmente quando seu filho se encontra em tenra idade. É o encontro que promove a divina emoção do amor materno.

Na ternura, o amor se realiza de forma espiritualmente elevada, envolvendo seu receptor em ondas de paz e satisfação interior.

Tanto quem doa, quanto quem recebe a ternura, sente-se maternalmente acolhido e amparado, propiciando um alto grau de segurança diante dos desafios da vida.

Desenvolva sua ternura, aprendendo a tocar as pessoas de forma que elas recebam energias de amor e de paz, originárias de seu mundo íntimo.

Não confunda ternura com sensualidade nem com sedução, pois ela é apenas um olhar amoroso, nutridor e protetor sobre o outro.

Aprenda a utilizar sua ternura a partir do acolhimento às crianças, desenvolvendo seu lado materno/paterno, independentemente de ter ou não filhos.

Utilize seu olhar terno como forma de emissão de energias saudáveis às pessoas para as quais você se dirige. Com essa atitude você obtém boa receptividade dos outros.

Seja terno nas suas atitudes amorosas, inclusive durante o sexo, pois a ternura o fará mais nobre e saudável.

Observe que a Vida o encaminha para atitudes cada vez mais amorosas e mais maduras. A ternura acontece nos momentos em que você é colocado em contato com sua natureza espiritual e divina.

Seja uma pessoa amorosa e utilize sua ternura como forma de permuta de energias positivas e superiores. Não tenha vergonha de demonstrar carinho e ternura por alguém. Seja você mesmo, em qualquer circunstância.

Ternura no amor

A ternura é componente fundamental no amor, pois quem ama libera energia de amorosidade em favor do outro. Essa energia passada, inclusive através do toque e do abraço, alcança o coração das pessoas.

Ternura com crianças

Seja sempre terno com a criança, que certamente isso repercutirá em toda sua vida e atingirá aqueles com quem ela interagir.

Ternura com jovens

O adolescente é sempre alguém em busca de sua identidade e do fortalecimento do ego. É fundamental que a ternura faça parte de sua fase de transição para que, no futuro, não se torne rígido em suas manifestações afetivas.

Ternura e sexo

Em suas manifestações e trocas sexuais, não deixe de usar sua ternura para que seu ato se torne digno e dele você possa retirar a felicidade que procura. A ternura no ato sexual permite a circulação e troca de saudáveis energias amorosas.

TRANQUILIDADE

"{...} Na ordem dos sentimentos, o dever é muito difícil de ser cumprido, porque se acha em antagonismo com as seduções do interesse e do coração; suas vitórias não têm testemunhas, e suas derrotas não têm repressão. O dever íntimo do homem está entregue ao seu livre arbítrio; o aguilhão da consciência, esse guardião da probidade interior, o adverte e o sustenta, mas, permanece, frequentemente, impotente diante dos sofismas da paixão. O dever do coração, fielmente observado, eleva o homem; mas esse dever, como o precisar? onde começa ele? onde se detém? O dever começa precisamente no ponto em que ameaçais a felicidade ou a tranquilidade do vosso próximo; termina no limite que não gostaríeis de ver ultrapassado em relação a vós mesmos. {..}".

"O Evangelho Segundo o Espiritismo", Allan Kardec. Capítulo XVII, Item 7, Boa Nova Editora.

"Em vosso mundo, tendes necessidade do mal para sentir o bem, da noite para admirar a luz, da doença para apreciar a saúde; nos mundos elevados, esses contrastes não são necessários; a eterna luz, a eterna beleza, a eterna serenidade da alma, proporcionam uma eterna alegria que não são perturbadas nem *pelas angústias da vida material, nem pelo contato dos maus, que ali não têm acesso". {..}*

"O Evangelho Segundo o Espiritismo", Allan Kardec. Capítulo III, Item 11, Boa Nova Editora.

A tranquilidade é a função do Espírito decorrente da certeza íntima de sua ligação com o Criador. Tal conexão profunda e permanente proporciona uma aura de paz, de equilíbrio e de harmonia na intimidade do ser.

A tranquilidade é o sentimento de paz e equilíbrio interno decorrente da consciência em harmonia, proprietária da certeza absoluta de sua filiação divina.

Encare com tranquilidade os reveses da vida, pois ela não se extinguirá por causa deles. Qualquer que seja seu problema, mesmo que seja algo que ponha em risco a vida de seu corpo, lembre-se de que você é imortal.

Viva tranquilo e deixe que os outros também vivam suas vidas. Evite envolver-se nos problemas alheios, quando não lhe competir solucioná-los ou quando não possa ajudar.

Adote a tranquilidade em substituição à ansiedade, pois a vida deve ser vivida no ritmo possível ao nível de evolução de cada um.

Não se cobre ação, quando lhe compete esperar, tampouco adote a inércia quando a vida lhe pede atuar. Quando tiver que agir, faça-o com tranquilidade.

Observe a intranquilidade alheia, aprenda como evitá-la em você e não contribua para que o outro se demore perturbado. Você pode ser um fator importante para tranquilizar alguém, principalmente quando demonstrar sua paz de espírito e seu equilíbrio interior.

Busque a tranquilidade quando houver tumulto, porque fora dessa condição, você pode ter a falsa sensação de que já a conquistou.

Alimente em você um ritmo de vida que favoreça sua segurança e, consequentemente, sua tranquilidade. Seu ritmo de vida deve incluir o trabalho, a família, o lazer e a espiritualidade.

Quando alguma situação prenunciar que você poderá perder momentaneamente sua tranquilidade, utilize-se da oração a fim de acalmar-se e atrair boas companhias espirituais.

A tranquilidade é paz de espírito, e esta se consegue através da consciência equilibrada e da noção de responsabilidade pessoal perante a vida.

Tranquilidade em casa

A tranquilidade em casa é garantia contra a invasão psíquica que desequilibra o lar. Sua tranquilidade nos momentos difíceis contagia todos que se envolvem com você. Evite atrair companhias espirituais inferiores para o ambiente de seu lar. Sua casa deve ser o melhor lugar para se viver. Possibilite isso, estando tranquilo em sua intimidade doméstica.

Tranquilidade no trabalho

Seu trabalho é uma dimensão de sua vida, valorize-o aprendendo a se colocar com tranqüilidade, sempre que sua palavra e sua ação forem requisitadas. Seja tranquilo para que seu trabalho seja valorizado, tanto quanto você.

Tranquilidade sem dinheiro

Sua preocupação com dinheiro é reflexo de compromissos assumidos. Aja com tranquilidade, a fim de alcançar o êxito que pretende. Seu desespero contribuirá para que não alcance o que deseja.

Tranquilidade na morte

A morte é uma mudança de dimensão, que liberta aquele que por ela foi atingido. Tranquilidade para os que ficaram, nos momentos posteriores à sua ocorrência, é fator de restabelecimento para quem a atravessa.

TRANSPARÊNCIA

"{..} Quando perdoardes aos vossos irmãos, não vos contenteis em estender o véu do esquecimento sobre as suas faltas; esse véu, frequentemente, é bem transparente aos vossos olhos; levai-lhes o amor ao mesmo tempo que o perdão; fazei por eles o que pediríeis ao vosso Pai celeste fazer por vós. Substituí a cólera que mancha pelo amor que purifica. Pregai pelo exemplo essa caridade ativa, infatigável, que Jesus vos ensinou; pregai como ele próprio o fez enquanto viveu sobre a Terra, visível aos olhos do corpo, e como a prega ainda, sem cessar, desde que não é mais visível senão aos olhos do Espírito. Segui esse divino modelo; caminhai sobre seus passos: eles vos conduzirão ao lugar de refúgio, onde encontrareis o repouso depois da luta. Como ele, carregai-vos todos de vossa cruz, e escalai penosamente mas corajosamente, o vosso calvário; no cume está a glorificação". (São João, bispo de Bordeaux, 1862).

"O Evangelho Segundo o Espiritismo", Allan Kardec. Capítulo X, Item 17, Boa Nova Editora.

A transparência é a fidelidade do Espírito a si mesmo, adquirida pela condição da ausência do medo de expor a própria sombra.

Seja o máximo possível transparente em suas atitudes,

a fim de que você construa a história de sua vida de forma verdadeira e inesquecível.

Procure, quando necessário, explicar o que fez ou faz, de forma detalhada para que não pairem dúvidas quanto à sua ética.

Quando os assuntos disserem respeito a outrem, evite devassar o que não lhe pertence, porque cada pessoa merece ser respeitada em sua presença ou ausência. A despeito de querer ser transparente, não socialize a vida alheia, tanto quanto só se exponha quando necessário.

Procure ser transparente em suas emoções, liberando-as adequadamente de acordo com o meio e para quem se destina.

Desenvolva sua capacidade de ser transparente, conversando mais com as pessoas com quem convive no ambiente familiar, pois é ali que se encontram aqueles de quem você não consegue se esconder.

A transparência torna-se possível na medida em que você admite seus equívocos e tem coragem de pedir desculpas quando erra. Pedir desculpas e pedir perdão, quando de fato sabe que errou, demonstra humildade e transformação interior. Só aqueles que já entenderam que não se deve esconder de si mesmo, colocam-se em condições de se confessar ao outro.

Comece a ser você mesmo, onde quer que esteja, procurando respeitar o ambiente sem se anular nele. Não pense que as pessoas não o observam nem sabem a seu respeito. Nossa reputação precede nossa chegada.

Verbalize mais suas emoções e evite agir por impulso,

pois as pessoas não merecem receber o que negativamente lhe excede.

A despeito de ser transparente, evite agredir os outros com palavras e atos, que eles ainda não conseguem suportar. Seja transparente, mas não seja excessivamente crítico nem mordaz. Aja com caridade para com o outro.

Transparência nas relações

Busque ser o mais transparente possível em suas relações para não ser tentado a camuflar suas verdadeiras intenções, traindo-se inconscientemente. As pessoas, quando convivem muito conosco, percebem melhor do que nós mesmos, nosso lado sombrio.

Transparência consigo mesmo

Procure ser sempre consciente de suas ações, evitando mecanismos de defesa, que o afastam da compreensão precisa de seus atos e intenções. Perceber-se é muito mais difícil do que analisar os outros.

Transparência com amigos

Saiba dizer sim e não aos amigos, a fim de ser coerente

e fiel às suas intenções. Sua transparência para com eles perpetua a relação.

Transparência nas suas emoções

Procure externar adequadamente suas emoções, identificando o que sente, para educar-se emocionalmente. Suas emoções governam sua vida inconsciente e produzem efeitos na consciência.

UTILIDADE

{..} *"Mas vós, que vos retirais do mundo para evitar suas seduções e viver no isolamento, que utilidade tendes sobre a Terra? Onde está vossa coragem nas provas, uma vez que fugis da luta e desertais do combate? Se quereis um cilício, aplicai-o sobre vossa alma e não sobre o vosso corpo; mortificai vosso Espírito e não vossa carne; fustigai vosso orgulho; recebei as humilhações sem vos lamentar; pisai vosso amor próprio; resisti contra a dor da injúria e da calúnia, mais pungente que a dor corporal. Eis o verdadeiro cilício cujas feridas vos serão contadas, porque atestarão vossa coragem e vossa submissão à vontade de Deus". (Um Anjo Guardião, Paris, 1863).*

"O Evangelho Segundo o Espiritismo", Allan Kardec. Capítulo V, Item 26, Boa Nova Editora.

Decorre da consciência de pertencer ao grupo daqueles que concorrem para o bem social. Sentir-se útil a Deus, auxiliando a criatura humana, promove a satisfação de viver e de estar no mundo como um ser em busca de realização interior.

Busque ser útil para a vida, erradicando a preguiça e a inércia, diante de tantas coisas a fazer em benefício de si mesmo e da sociedade em que vive. Sua energia e sua participação são fatores de crescimento para todos.

Além das obrigações profissionais, procure realizar algo em favor de outrem de forma gratuita. Seja útil também sem querer vantagens de qualquer tipo. Você muito recebeu da sociedade e é hora de fazer a devolução de sua cota.

Procure anonimamente fazer coisas que beneficiem as pessoas e que tragam algum tipo de melhora ao padrão de vida que você tem. Seja agente do bem para que o bem prolifere.

Evite adiar tarefas que só dependem de você, para que sua vida não acumule um déficit de trabalho em benefício pessoal.

Proponha atividades úteis, nas quais você esteja diretamente envolvido as pessoas, para que elas se sintam úteis como você.

Quando puder, faça tarefas que estejam confiadas aos outros, sem lhes prejudicar a rotina, a fim de que você concorra para a melhoria do que faz em grupo.

Sinta-se útil na medida em que progride socialmente, colocando suas energias a serviço do bem-estar pessoal e coletivo. Lembre-se de que a sociedade da qual você faz parte é assim constituída, graças também à sua participação.

Utilidade na vida

Faça com que sua vida tenha um sentido útil, para que quando a idade avançada lhe alcançar o corpo e pesar-lhe na consciência, você possa lembrar-se do bem que fez e que poderá ainda fazer.

Utilidade para com o próximo

Sempre que a Vida convidá-lo ao serviço em favor do próximo, atenda ao seu chamado para que floresça em você o sentimento de utilidade. O próximo é seu campo de projeção para realizações que você deseja para você mesmo. Aproveite enquanto estiver no seu caminho.

Utilidade e família

Seja útil para com a família na qual você se insere, pois seus membros são os entes aos quais lhe cabe amar e servir, em favor de você mesmo. Sua família é o primeiro e mais importante campo de realização coletiva.

Utilidade e sentido existencial

Procure fazer com que suas realizações úteis concorram para o sentido de sua vida. Realize seu destino, inserindo nele atitudes úteis para com todos.

VITALIDADE

"A perfeição moral consiste na maceração do corpo? Para resolver esta questão, eu me apóio sobre os princípios elementares, e começo por demonstrar a necessidade de cuidar do corpo, que, segundo as alternativas de saúde e de doença, influi de maneira muito importante sobre a alma, que é preciso considerar como cativa na carne. Para que essa prisioneira viva, se divirta e conceba mesmo as ilusões da liberdade, o corpo deve estar sadio, disposto, enérgico. {..}".

"O Evangelho Segundo o Espiritismo", Allan Kardec. Capítulo XVII, Item 11, Boa Nova Editora.

A vitalidade é a função do Espírito que lhe permite estar sempre saudável, independentemente das condições de seu perispírito ou de seu corpo físico.

Vitalidade é sentir-se com saúde, independentemente dos processos orgânicos que, por ventura, estejam causando desequilíbrio ao corpo. Compreenda que a vitalidade é estimulada pela consciência em paz e pela força com que se ama a vida.

É fundamental para a saúde integral que o indivíduo cultive hábitos salutares e realize atividades produtivas. Quem se sente produtivo para si e para a sociedade, acredita-se com vitalidade.

Estimule a vitalidade das pessoas, falando-lhes que estão bem física e psiquicamente. Evite falar que a pessoa está mal ou que sua aparência não é saudável. Só quando de fato note algo que explicitamente justifique isso, inclusive observado por outras pessoas, e que venha a servir de conselho para que a pessoa busque ajuda médica, é que se deve dizer seu estado físico negativo.

Coloque vitalidade em tudo que faz, para que sua energia contribua para o sucesso que você deseja obter. Faça as coisas com determinação, coragem e persistência, para reconhecer seu valor adiante.

Evite excessos orgânicos e conserve o corpo para atividades cujo vigor físico é imprescindível. O corpo é um vaso alquímico, que merece ser cuidado para que seja adequadamente útil ao Espírito.

Não considere que seu corpo é limitador para suas capacidades intelectivas e emocionais. Sua vitalidade não está necessariamente radicada no organismo.

Utilize sua energia psíquica a serviço de sua evolução, não barateando seu tempo com atividades desgastantes ou mesmo com pensamentos desestimulantes.

Dê energia aos projetos em que você se envolve, a fim de que eles tenham sua marca registrada, permitindo-lhe responsabilizar-se pelo sucesso ou fracasso.

Tenha consciência de sua vitalidade e empregue-a prioritariamente a serviço de sua felicidade. Lembre-se de que você tem uma cota de energia vital, cujo tempo de duração você não sabe e que deve aproveitá-la o máximo possível.

Vitalidade no trabalho

Busque no exercício de sua profissão o maior vigor possível, para que suas atividades sejam concorrentes com sua saúde. Quanto mais saudável você estiver, mais feliz se sentirá e mais produtivo será em seu trabalho.

Vitalidade orgânica

Cuide de seu corpo para que ele possa atender suas necessidades evolutivas. A vitalidade do corpo facilita o foco na busca espiritual.

Vitalidade na palavra

Seja sua palavra sincera, amorosa e cheia de energia de vida, pois ela é um cartão de visitas de sua mente. Quanto mais carregada da energia da vida mais alcança a compreensão do outro.

Vitalidade em tudo que faça

Faça tudo com paixão e vitalidade, porque você está no melhor de sua evolução e não desperdice a oportunidade de viver na plenitude de seus dias.

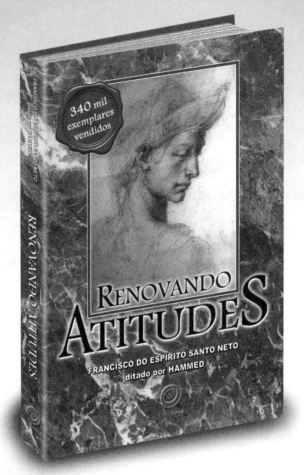

RENOVANDO ATITUDES
Francisco do Espírito Santo Neto/Hammed
Filosófico | 14x21 cm | 248 páginas | ISBN 978-85-99772-61-4

Elaborado a partir do estudo e análise de 'O Evangelho Segundo o Espiritismo', o autor espiritual Hammed afirma que somente podemos nos transformar até onde conseguirmos nos perceber. Ensina-nos como ampliar a consciência, sobretudo através da análise das emoções e sentimentos, incentivando-nos a modificar os nossos comportamentos inadequados e a assumir a responsabilidade pela nossa própria vida.

As dores da alma

FRANCISCO DO ESPÍRITO SANTO NETO
ditado por **HAMMED**

Filosófico | 14x21 cm | 216 páginas

O autor espiritual Hammed, através das questões de 'O livro dos Espíritos', analisa a depressão, o medo, a culpa, a mágoa, a rigidez, a repressão, dentre outros comportamentos e sentimentos, denominando-os 'dores da alma', e criando pontes entre os métodos da psicologia, pedagogia e da sociologia, fazendo o leitor mergulhar no desconhecido de si mesmo no propósito de alcançar o autoconhecimento e a iluminação interior.

FRANCISCO DO ESPÍRITO SANTO NETO
ditado por **HAMMED**

Filosófico | 14x21 cm | 214 páginas

Elaborado a partir de questões extraídas de "O Livro dos Espíritos", o autor espiritual analisa os potenciais humanos - sabedoria, alegria, afetividade, coragem, lucidez, compreensão, amor, respeito, liberdade, e outros tantos -, denominando-os de "prazeres da alma". Destaca que a maior fonte de insatisfação do espírito é acreditar que os recursos necessários para viver bem estão fora de sua própria intimidade. A partir deste contexto, convida o leitor a descobrir-se no universo de qualidades que povoa sua natureza interior.

O MISTÉRIO DA CASA

CLEBER GALHARDI
16x23 cm
Romance Infantojuvenil
ISBN: 978-85-8353-004-6

256 páginas

Uma casa misteriosa! Um grupo de pessoas que se reúnem alguns dias por semana, sempre a noite! Um enigma? O que essas pessoas fazem ali? O que significa esse código? Descubra juntamente com Léo, Tuba e Melissa as respostas para essas e outras situações nessa aventura de tirar o fôlego que apresenta aos leitores uma das principais obras da codificação de Allan Kardec.

LIGUE E ADQUIRA SEUS LIVROS!

Catanduva-SP 17 3531.4444 | boanova@boanova.net
São Paulo-SP 11 3104.1270 | boanovasp@boanova.net
Sertãozinho-SP 16 3946.2450 | novavisao@boanova.net
www.boanova.net